Jean Paré
^{MC}

MUFFINS ET PLUS

Company's Coming

Photo de Couverture

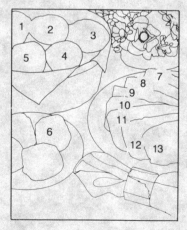

Jean Paré

_(MC)

MUFFINS ET PLUS

Troisième tirage, février 1992

I.S.B.N. 0-9693322-8-9

Publié et Distribué par
Company's Coming Publishing Limited
C.P. 8037, Station "F"
Edmonton, Alberta, Canada
T6H 4N9

Imprimé au Canada
Printed in Canada

Livres de cuisine dans la série de Company's Coming par Jean Paré:

Livre à couverture dure disponible en anglais:

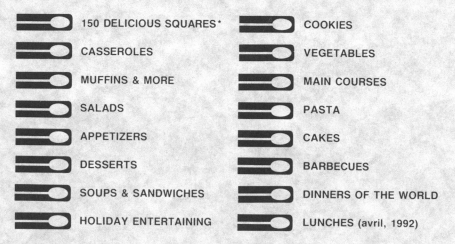

JEAN PARÉ'S FAVORITES
VOLUME ONE

Livres à couverture souple disponibles en anglais:

150 DELICIOUS SQUARES*   COOKIES

CASSEROLES   VEGETABLES

MUFFINS & MORE   MAIN COURSES

SALADS   PASTA

APPETIZERS   CAKES

DESSERTS   BARBECUES

SOUPS & SANDWICHES   DINNERS OF THE WORLD

HOLIDAY ENTERTAINING   LUNCHES (avril, 1992)

Livres de cuisine dans la série de Jean Paré:

Livres à couverture souple disponibles en français:

150 DÉLICIEUX CARRÉS

LES CASSEROLES (mai 1991)

MUFFINS ET PLUS (mai 1991)

LES DÎNERS (avril 1992)

LES BARBECUES (mai 1992)

table des Matières

L'histoire de Jean Paré

Jean Paré naquit et fut élevée pendant la Grande Dépression à Irma, petite ville rurale à l'est de l'Alberta, Canada. Elle grandit en comprenant que la combinaison d'une famille, d'amis et de cuisine à la maison est l'essence d'une bonne vie. Jean apprit de sa mère, Ruby Elford, à apprécier la bonne cuisine et elle fut encouragée par son père, Edward Elford, qui loua même ses premiers essais. Quand elle quitta la maison, elle emporta avec elle de nombreuses recettes de famille bien maîtrisées, son amour de la cuisine et son désir peu ordinaire de lire des livres de recettes comme des romans!

Alors qu'elle élevait une famille de quatre enfants, Jean était toujours occupée dans sa cuisine préparant des gourmandises délicieuses et savoureuses ainsi que des repas succulents pour sa famille et ses amis de tous les âges. Sa réputation s'épanouit comme étant la maman qui serait heureuse de nourrir le voisinage.

En 1963, quand ses enfants avaient tous atteint l'âge scolaire, Jean se porta bénévole afin de pourvoir la nourriture lors du 50e anniversaire de l'École d'agriculture de Vermilion, maintenant Collège Lakeland. Travaillant chez elle, Jean prépara un repas pour plus de 1 000 personnes, ce qui inaugura un florissant service de traiteur qui continua pendant plus de dix-huit ans. Au cours de cette période, elle reçut d'innombrables occasions d'essayer de nouvelles idées avec une réponse immédiate résultant des assiettes vides et des clients satisfaits! Soit en préparant des amuse-gueules pour une réception à la maison, soit en servant un repas chaud à 1 500 personnes, Jean Paré acquit une réputation de bonne nourriture, de service courtois et de prix raisonnables.

"Pourquoi n'écrivez-vous pas un livre de cuisine?" Très souvent, alors que les demandes pour ses recettes augmentaient, on posait cette question à Jean. La réponse de Jean fut de former équipe avec son fils Grant Lovig à l'automne de 1980 pour créer Company's Coming Publishing Limited. Le 14 avril 1981 marqua la sortie de "150 Delicious Squares", le premier livre de cuisine de Company's Coming dans ce qui deviendrait bientôt la série de livres de cuisine la plus populaire au Canada. Jean sortit un livre de cuisine chaque année pendant les six premières années. Le pas s'accéléra et en 1987 la compagnie avait commencé à publier deux titres chaque année.

L'opération de Jean Paré, qui a débuté dans les premiers jours de travail chez elle dans une chambre d'ami, s'est poursuivie dans une grande cuisine d'essai entièrement équipée à Vermilion, Alberta, près de la maison qu'elle et son mari Larry ont construite. Le nombre d'employés à plein temps a augmenté régulièrement jusqu'à inclure un personnel de marketing situé dans les plus grandes villes à travers le Canada. Le siège social est à Edmonton en Alberta où les fonctions de distribution, comptabilité et administration sont regroupées. Les livres de cuisine de Company's Coming sont maintenant distribués à travers le Canada et les États-Unis en plus de nombreux marchés outre-mer. La traduction de la série en espagnol et en français a commencé en 1990.

L'approche de Jean Paré à la cuisine a toujours recherché des recettes faciles à suivre utilisant des ingrédients le plus souvent communs et faciles à se procurer. Sa merveilleuse collection de recettes honorées par le temps, la plupart desquelles sont des souvenirs de famille, est une addition toujours bien reçue dans n'importe quelle cuisine. C'est pourquoi nous disons: Goûtez la tradition.

A ma famille et à mes amis, et à l'espoir que celui-ci, mon troisième livre de cuisine, soit digne de leur soutien et encouragement continus.

avant-propos

Avec tout le monde si occupé de nos jours, il est difficile de trouver assez de temps pour cuire au four comme nous le souhaiterions. Bravo aux pains rapides à réaliser dans le temps d'un éclair! Ils sont si rapides et faciles! Pas nécessaire d'utiliser de la levure! Seulement des ingrédients communs et faciles à se procurer sont requis quand on prépare les muffins, pains de fantaisie, petits pains ou autres pains rapides tirés des recettes qui suivent.

Veuillez noter que vous pouvez choisir des mesures conventionnelles ou métriques pour chaque recette.

Les pains rapides demandent une main légère. Mélangez rapidement (ne jamais battre) les ingrédients secs et liquides. Même si on utilise dans ce livre un moule à pain de dimensions moyennes, des moules plus petits peuvent être employés pour des pains plus petits. Les dimensions des moules à muffins varient. On utilisera le rendement donné seulement comme guide.

Les petits pains et les muffins chauds transforment la plus simple nourriture en un délice savoureux. Les pains de fantaisie gagnent de la saveur avec le temps et peuvent être coupés plus facilement et plus finement si on les garde au moins un jour.

Les pains rapides gèlent exceptionnellement bien. On peut sortir les pains de fantaisie du congélateur et en couper plusieurs tranches pour ensuite retourner les pains au congélateur jusqu'à ce qu'on en ait à nouveau besoin. Il est mieux de ne pas geler les beignets, le Pudding du Yorkshire ou les dumplings.

Des remerciements continus à tous ceux qui ont acheté mon premier livre "150 Délicieux Carrés" et mon second livre "Les Casseroles". Puisse ce troisième livre répondre aux nombreuses demandes pour "plus"! Commencez à vous préparer! La compagnie arrive pour "Muffins et Plus"!

Jean Paré

Ce muffin de fantaisie est "le glaçage sur le gâteau". Bon.

GARNITURE

Cassonade tassée	¹/₂ tasse	125 mL
Farine tout usage	¹/₄ tasse	50 mL
Beurre ou margarine ramolli(e)	¹/₄ tasse	50 mL
Farine tout usage	1¹/₂ tasse	350 mL
Sucre granulé	¹/₂ tasse	125 mL
Poudre à pâte	1 c. à soupe	15 mL
Sel	¹/₂ c. à thé	2 mL
Oeuf	1	1
Lait	¹/₄ tasse	60 mL
Huile	¹/₄ tasse	60 mL
Grosse pomme râpée, pelée ou non	³/₄ tasse	175 mL

Garniture: Mélanger dans un petit bol la cassonade, la première quantité de farine et le beurre pour obtenir une pâte qui s'émiette. Mettre de côté.

Mélanger dans un bol la seconde quantité de farine, le sucre, la poudre à pâte et le sel. Faire un puits au centre.

Dans un autre bol, battre ensemble l'oeuf, le lait et l'huile. Incorporer la pomme. Verser dans le puits. Tourner pour humecter à peine. Remplir aux ³/₄ des moules à muffins. Saupoudrer avec la garniture. Cuire au four à 400°F (200°C) de 20 à 25 minutes. Donne 12 muffins.

Photo page 17.

MUFFINS AUX ABRICOTS FINS

Un muffin excellent et tendre qui combine les abricots secs et la nour-riture de bébé.

Farine tout usage	$1^3/_4$ tasse	425 mL
Sucre granulé	$^1/_2$ tasse	125 mL
Poudre à pâte	2 c. à thé	10 mL
Bicarbonate de soude	$^1/_2$ c. à thé	2 mL
Sel	$^1/_2$ c. à thé	2 mL
Abricots secs, moulus	$^1/_3$ tasse	75 mL
Oeuf	1	1
Huile	$^1/_4$ tasse	50 mL
Pot d'abricots pour bébé	$7^1/_2$ onces	213 mL

Mettre les 6 premiers ingrédients secs dans un grand bol. Bien tourner. Faire un puits au centre.

Battre l'oeuf dans un petit bol pour le faire mousser. Incorporer l'huile et les abricots. Verser dans le puits. Tourner seulement pour humecter. La pâte aura des grumeaux. Remplir aux $^3/_4$ des moules à muffins graissés. Cuire au four à 400°F (200°C) de 20 à 25 minutes. Démouler après 5 minutes. Donne 18 muffins.

MUFFINS CHOCOLAT ET BANANES

Texture semblable à celle d'un gâteau avec le goût populaire des bananes et du chocolat.

Farine tout usage	$1^3/_4$ tasse	425 mL
Sucre granulé	$^1/_2$ tasse	125 mL
Poudre à pâte	1 c. à soupe	15 mL
Sel	$^1/_2$ c. à thé	2 mL
Brisures de chocolat mi-sucré	$^1/_2$ tasse	125 mL
Oeuf	1	1
Huile	$^1/_4$ tasse	50 mL
Lait	$^1/_4$ tasse	50 mL
Bananes écrasées (3 moyennes)	1 tasse	250 mL

Mettre les 5 premiers ingrédients secs dans un bol. Bien mélanger et faire un puits au centre.

Battre l'oeuf dans un petit bol pour le faire mousser. Incorporer l'huile, le lait et les bananes. Verser dans le puits. Tourner seulement pour humecter. La pâte aura des grumeaux. Remplir aux $^3/_4$ des moules à muffins graissés. Cuire au four à 400°F (200°C) de 20 à 25 minutes. Donne 12 à 14 muffins.

Photo page 17.

MUFFINS BANANES ET SON

Délicieux avec une pointe de chocolat. Sombres et diaboliques! Les meilleurs.

Farine tout usage	1 tasse	250 mL
Céréales de son All bran	1 tasse	250 mL
Poudre à pâte	1 c. à thé	5 mL
Bicarbonate de soude	1 c. à thé	5 mL
Sel	$1/2$ c. à thé	2 mL
Cacao	2 c. à soupe	30 mL
Beurre ou margarine ramolli(e)	$1/4$ tasse	50 mL
Sucre granulé	$1/2$ tasse	125 mL
Oeufs	2	2
Lait sur (1 c. à thé, 5 mL, de vinaigre dans du lait)	$1/4$ tasse	60 mL
Bananes écrasées (3 moyennes)	1 tasse	250 mL

Mettre les 6 ingrédients secs dans un bol. Tourner pour mélanger. Faire un puits au centre.

Battre en crème dans un autre bol le beurre, le sucre et un oeuf. Bien mélanger. Incorporer en battant le second oeuf. Incorporer le lait sur et les bananes. Verser tout d'un seul coup dans le puits. Mélanger pour humecter. Ignorer les grumeaux. Remplir aux $3/4$ les moules à muffins graissés. Cuire au four à 400°F (200°C) de 20 à 25 minutes. Donne 12 muffins.

MUFFINS AUX BANANES

Une saveur de banane mûre.

Farine tout usage	$13/4$ tasse	425 mL
Bicarbonate de soude	1 c. à thé	5 mL
Sel	$1/4$ c. à thé	1 mL
Beurre ou margarine ramolli(e)	$1/2$ tasse	125 mL
Sucre granulé	$11/4$ tasse	300 mL
Oeufs	2	2
Crème sure	$1/4$ tasse	50 mL
Bananes écrasées (3 moyennes)	1 tasse	250 mL

Mettre la farine, le bicarbonate de soude et le sel dans un grand bol. Tourner. Faire un puits au centre.

Battre en crème le beurre, le sucre et un oeuf dans un autre bol. Incorporer en battant le second oeuf. Incorporer la crème sure et les bananes. Verser dans le puits et tourner pour mélanger. Ignorer les grumeaux. Remplir aux $3/4$ les moules graissés. Cuire au four à 400°F (200°C) de 20 à 25 minutes. Donne 16 muffins.

MUFFINS BANANES ET DATTES

Les saveurs sont bien combinées dans ce muffin effronté.

Farine tout usage	2 tasses	500 mL
Sucre granulé	2 c. à soupe	30 mL
Poudre à pâte	1 c. à soupe	15 mL
Sel	1 c. à thé	5 mL
Oeuf battu	1	1
Beurre ou margarine fondu(e)	$1/4$ tasse	60 mL
Lait	1 tasse	250 mL
Dattes hachées	$2/3$ tasse	150 mL
Bananes en dés	$2/3$ tasse	150 mL

Mettre la farine, le sucre, la poudre à pâte et le sel dans un grand bol. Tourner. Faire un puits au centre.

Battre dans un bol moyen l'oeuf pour le faire mousser. Incorporer le beurre, le lait, les dattes et la banane. Verser dans le puits. Tourner seulement pour humecter. La pâte aura des grumeaux. Remplir aux $3/4$ des moules à muffins graissés. Cuire au four à 400°F (200°C) de 20 à 25 minutes. Laisser reposer 5 minutes. Démouler. Servir tiède. Donne 16 muffins.

Photo page 17.

MUFFINS BANANES ET AVOINE

Tendres et délicieux.

Farine tout usage	$1^{1}/2$ tasse	350 mL
Flocons d'avoine	1 tasse	250 mL
Sucre granulé	$1/2$ tasse	125 mL
Poudre à pâte	2 c. à thé	10 mL
Bicarbonate de soude	1 c. à thé	5 mL
Sel	$1/2$ c. à thé	2 mL
Oeufs	2	2
Huile	$1/4$ tasse	50 mL
Lait	$1/4$ tasse	50 mL
Bananes écrasées (3 moyennes)	1 tasse	250 mL

Mettre dans un grand bol les 6 premiers ingrédients secs. Tourner pour mélanger. Faire un puits au centre.

(continuer à la prochaine page)

Battre les oeufs dans un petit bol pour les faire mousser. Incorporer l'huile, le lait et les bananes. Verser dans le puits. Tourner seulement pour humecter. La pâte aura des grumeaux. Remplir aux ³/₄ des moules à muffins graissés. Cuire au four à 400°F (200°C) de 20 à 25 minutes. Donne 12 à 18 muffins.

Photo page 17.

MUFFINS AUX BLEUETS

De vieux favoris.

Farine tout usage	1³/₄ **tasse**	**425 mL**
Poudre à pâte	1 c. à soupe	15 mL
Sel	¹/₂ c. à thé	2 mL
Beurre ou margarine ramolli(e)	¹/₄ tasse	50 mL
Sucre granulé	¹/₂ tasse	125 mL
Oeuf	1	1
Lait	³/₄ tasse	175 mL
Vanille	1 c. à thé	5 mL
Bleuets frais ou gelés	1 tasse	250 mL
Farine tout usage	1 c. à soupe	15 mL

Mettre dans un grand bol la farine, la poudre à pâte et le sel. Bien tourner. Faire un puits au centre.

Battre en crème dans un autre bol le beurre et le sucre. Incorporer en battant l'oeuf pour obtenir une préparation assez lisse. Incorporer le lait et la vanille. Verser dans le puits. Tourner seulement pour humecter. La pâte aura des grumeaux.

Mélanger les bleuets et la farine dans un petit bol. Incorporer délicatement dans la pâte. Remplir aux ³/₄ des moules à muffins graissés. Cuire au four à 400°F (200°C) pendant 25 minutes jusqu'à l'obtention d'une jolie couleur dorée. Donne 16 muffins.

Photo page 17.

MUFFINS BLEUETS ET POMMES: Réduire les bleuets à ¹/₂ tasse (125 mL). Ajouter ¹/₂ tasse (125 mL) de pomme non pelée et coupée en dés. Ajouter ¹/₂ c. à thé (2 mL) de cannelle. Continuer tel qu'indiqué ci-dessus.

MUFFINS NATURELS: Omettre les bleuets. On peut réduire le sucre à 2 c. à soupe (30 mL). Excellents lorsque servis avec du Beurre aux Fraises, page 145.

MUFFINS AUX NOIX: Omettre les bleuets. Ajouter ¹/₂ tasse de noisettes, de pacanes ou de noix de Grenoble finement hachées. Avant de cuire, saupoudrer le dessus de 2 c. à. soupe (30 mL) de noix.

MUFFINS AU SON

On peut facilement doubler la recette pour congeler ensuite. Excellents. Les préférés de Gail.

Farine tout usage	1 tasse	250 mL
Poudre à pâte	1 c. à thé	5 mL
Bicarbonate de soude	1 c. à thé	5 mL
Sel	$1/2$ c. à thé	2 mL
Raisins secs	$3/4$ tasse	175 mL
Lait de beurre ou lait sur	1 tasse	250 mL
Son naturel	1 tasse	250 mL
Huile	$1/3$ tasse	75 mL
Mélasse	3 c. à soupe	50 mL
Oeuf	1	1
Cassonade tassée	$1/4$ tasse	50 mL
Vanille	$1/2$ c. à thé	2 mL

Mettre dans un grand bol la farine, la poudre à pâte, le bicarbonate de soude, le sel et les raisins secs. Bien mélanger. Pousser le long des côtés du bol en faisant un puits au centre.

Mélanger dans un autre bol le lait de beurre et le son. Laisser reposer 5 minutes.

Ajouter les ingrédients restants au mélange avec le son dans l'ordre donné. Battre avec une cuillère pour mélanger. Verser dans le puits dans le premier bol. Tourner seulement pour humecter. La pâte aura des grumeaux. Remplir aux $3/4$ des moules à muffins graissés. Cuire au four à 375°F (190°C) de 20 à 25 minutes. Laisser reposer 5 minutes. Démouler. Donne 12 muffins.

Note: Pour faire du lait sur, ajouter du lait à 1 c. à soupe (15 mL) de vinaigre pour obtenir 1 tasse (250 mL).

MUFFINS CAROTTES ET SON

L'ananas rend ce muffin tendre et jamais sec.

Farine tout usage	$1 1/2$ tasse	375 mL
Cassonade tassée	$3/4$ tasse	175 mL
Son naturel	$3/4$ tasse	175 mL
Poudre à pâte	1 c. à thé	5 mL
Bicarbonate de soude	1 c. à thé	5 mL
Sel	$1/2$ c. à thé	2 mL
Cannelle	1 c. à thé	5 mL

(continuer à la prochaine page)

Oeufs	2	2
Huile	1/2 tasse	125 mL
Carotte râpée	1 tasse	250 mL
Ananas écrasé et jus	1 tasse	250 mL

Mettre les 7 premiers ingrédients dans un grand bol. Mélanger. Faire un puits au centre.

Battre les oeufs dans un autre bol pour les faire mousser. Incorporer l'huile, les carottes, l'ananas et le jus. Verser dans le puits. Tourner seulement pour humecter. La pâte aura des grumeaux. Remplir aux 3/4 des moules à muffins graissés. Cuire au four à 400°F (200°C) de 20 à 25 minutes. Démouler après 5 minutes. Donne 14 muffins.

MUFFINS AUX CAROTTES: Omettre le son. Augmenter la farine à 2 tasses (500 mL).

MUFFINS POUR LE GOÛTER

Ils ont une saveur de gâteau mais ont de plus petites proportions.

Farine tout usage	1 1/2 tasse	375 mL
Poudre à pâte	2 c. à thé	10 mL
Sel	1/2 c. à thé	2 mL
Beurre ou margarine ramolli(e)	1/4 tasse	50 mL
Sucre granulé	1/2 tasse	125 mL
Oeuf	1	1
Lait	3/4 tasse	200 mL
Vanille	1/2 c. à thé	2 mL

Mettre la farine, la poudre à pâte et le sel dans un grand bol. Mélanger. Faire un puits au centre.

Bien battre le beurre, le sucre et l'oeuf dans un autre bol. Incorporer le lait et la vanille. Verser dans le puits. Tourner pour humecter. Mettre à la cuillère une partie de la pâte dans des moules à muffins graissés remplis à 1/3. Saupoudrer le dessus de mélange épicé. Mettre au-dessus à la cuillère le reste de la pâte en remplissant les moules aux 2/3. Cuire au four à 400°F (200°C) de 20 à 25 minutes. Donne 12 muffins.

MÉLANGE ÉPICÉ

Cassonade tassée	1/2 tasse	125 mL
Farine tout usage	2 c. à soupe	30 mL
Cannelle	1 c. à thé	5 mL

Mettre tous les ingrédients dans un petit bol. Bien mélanger. Saupoudrer la pâte tel qu'indiqué ci-dessus.

Photo page 17.

MUFFINS SON ET BISCUITS GRAHAM

C'est certainement la "Cadillac" des muffins au son. Ils ont une texture aux noix et sont remplis d'éléments nutritifs.

Céréales de son All bran	1 tasse	225 mL
Chapelure de biscuits graham	1 tasse	225 mL
Farine tout usage	1/2 tasse	125 mL
Farine de blé entier ou blanche	2 c. à soupe	30 mL
Cassonade tassée	1/4 tasse	50 mL
Germe de blé	1/4 tasse	50 mL
Bicarbonate de soude	1 c. à thé	5 mL
Sel	1/4 c. à thé	1 mL
Raisins secs grossièrement coupés	1/2 tasse	125 mL
Oeuf	1	1
Huile	1/3 tasse	75 mL
Mélasse	1/4 tasse	50 mL
Lait de beurre	3/4 tasse	175 mL
Vanille	1/2 c. à thé	2 mL

Mettre tous les ingrédients secs dans un bol. Incorporer les raisins secs.

Battre dans un autre bol l'oeuf pour le faire mousser. Ajouter l'huile, la mélasse, le lait de beurre et la vanille. Battre pour mélanger. Verser sur les ingrédients secs. Tourner seulement assez pour humecter. Mettre à la cuillère dans des moules à muffins graissés en les remplissant aux 3/4. Cuire au four à 375°F (190°C) pendant 20 minutes. Donne 12 muffins.

Photo page de couverture.

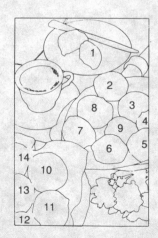

MUFFINS AU CHOCOLAT FARCIS

Ces muffins fastueux rendraient fière n'importe quelle table pour le thé.

Farine tout usage	2 tasses	500 mL
Sucre granulé	3/4 tasse	175 mL
Cacao	1/4 tasse	50 mL
Poudre à pâte	1 c. à soupe	15 mL
Sel	1/2 c. à thé	2 mL
Cannelle	1/2 c. à thé	2 mL
Oeuf	1	1
Lait	1 tasse	250 mL
Huile	1/3 tasse	75 mL

FARCE

Lait en poudre écrémé	1/4 tasse	50 mL
Eau chaude	2 c. à soupe	30 mL
Beurre ou margarine	1 c. à thé	5 mL
Essence d'amande	1/4 c. à thé	1 mL
Noix de coco grossièrement râpée ou moyenne	1 tasse	250 mL

Mettre dans un grand bol la farine, le sucre, le cacao, la poudre à pâte, le sel et la cannelle. Mélanger. Faire un puits au centre.

Battre les oeufs légèrement dans un petit bol. Incorporer le lait et l'huile. Verser dans le puits. Tourner pour humecter. Remplir aux 3/4 des moules à muffins graissés.

Farce: Mélanger dans un petit bol le lait en poudre et l'eau chaude. Tourner vigoureusement pour bien mélanger. Ajouter le beurre et l'amande. Mélanger. Incorporer la noix de coco. Façonner en autant de boules que vous avez de muffins. Enfoncer au centre du sommet de chaque muffin. Cuire au four à 400°F (200°C) de 20 à 25 minutes. Donne 16 muffins.

Variation: Omettre les boules à la noix de coco. Utiliser des cerises à marasquin bien égouttées pour farcir les muffins.

Photo page 17.

MUFFINS FROMAGE ET BACON

Petit déjeuner à la course - du café et un savoureux muffin.

Farine tout usage	2 tasses	500 mL
Sucre granulé	2 c. à soupe	30 mL
Poudre à pâte	1 c. à soupe	15 mL
Sel	1/4 c. à thé	1 mL
Fromage cheddar fort râpé	1/2 tasse	125 mL
Tranches de bacon cuites et émiettées	4-5	4-5
Oeuf battu légèrement	1	1
Lait	1 tasse	250 mL
Huile	1/4 tasse	60 mL

Mettre les 6 premiers ingrédients secs dans un grand bol. Bien tourner. Faire un puits au centre.

Battre légèrement l'oeuf dans un petit bol. Incorporer le lait et l'huile. Verser dans le puits. Tourner seulement pour humecter. La pâte aura des grumeaux. Remplir aux 3/4 les moules à muffins graissés. Cuire au four à 400°F (200°C) de 20 à 25 minutes. Laisser reposer 5 minutes. Démouler. Servir tiède. Donne 12 muffins.

Note: A la place du lait, mettre une boîte de soupe concentrée à la crème de poulet ou de champignons pour obtenir un autre muffin savoureux.

Photo page 125.

MUFFINS FROMAGE ET SON

Tout simplement un excellent muffin au fromage.

Céréales de son All bran	1 tasse	250 mL
Lait de beurre ou lait sur	1 1/4 tasse	300 mL
Oeuf	1	1
Huile	1/4 tasse	60 mL
Farine tout usage	1 1/2 tasse	375 mL
Sucre granulé	1/4 tasse	50 mL
Poudre à pâte	1 1/2 c. à thé	7 mL
Bicarbonate de soude	1/2 c. à thé	2 mL
Sel	1/2 c. à thé	2 mL
Fromage cheddar fort râpé	1 tasse	250 mL

(continuer à la prochaine page)

Mettre les céréales et le lait de beurre dans un petit bol.

Battre dans un bol moyen l'oeuf pour le faire mousser. Incorporer l'huile et le mélange avec les céréales.

Mettre dans un grand bol tous les ingrédients restants. Faire un puits au centre.

Verser la pâte dans le puits. Tourner seulement pour humecter. La pâte aura des grumeaux. Remplir aux $3/4$ des moules à muffins graissés. Cuire au four à 400°F (200°C) de 20 à 25 minutes. Laisser reposer 5 minutes. Démouler. Servir tiède. Donne 16 muffins.

Photo page 17.

MUFFINS AU MAÏS

Pas de goût sucré. Bon pour le lunch ou pour remplacer les petits pains et ajouter une touche différente.

Farine tout usage	1$1/4$ tasse	300 mL
Semoule de maïs	1 tasse	250 mL
Sucre granulé	$1/4$ tasse	50 mL
Poudre à pâte	4 c. à thé	20 mL
Sel	$1/2$ c. à thé	2 mL
Oeuf	1	1
Huile	$1/4$ tasse	60 mL
Lait	1 tasse	250 mL

Mettre dans un grand bol la farine, la semoule, le sucre, la poudre à pâte et le sel. Mélanger. Faire un puits au centre.

Battre l'oeuf dans un petit bol pour le faire mousser. Incorporer l'huile et le lait. Verser dans le puits. Tourner seulement assez pour humecter. La pâte aura des grumeaux. Remplir aux $3/4$ les moules à muffins graissés. Cuire au four à 400°F (200°C) de 20 à 25 minutes. Laisser reposer 5 minutes puis démouler. Servir tiède. Donne 15 muffins.

Photo page 17.

MUFFINS CAROTTES ET ÉPICES

Sombres et nourrissants avec des pointes épicées.

Farine tout usage	1¹/₂ tasse	350 mL
Son naturel	1¹/₂ tasse	350 mL
Germe de blé	¹/₄ tasse	50 mL
Cassonade tassée	¹/₂ tasse	125 mL
Bicarbonate de soude	2 c. à thé	10 mL
Sel	¹/₂ c. à thé	2 mL
Cannelle	1 c. à thé	5 mL
Noix muscade	¹/₄ c. à thé	1 mL
Oeufs	2	2
Mélasse	¹/₄ tasse	50 mL
Huile	¹/₄ tasse	50 mL
Lait	1¹/₂ tasse	375 mL
Vinaigre	2 c. à soupe	30 mL
Carottes râpées	1 tasse	250 mL
Noix de Grenoble hachées	¹/₂ tasse	125 mL
Dattes ou raisins secs haché(e)s	1 tasse	250 mL

Mettre les 8 premiers ingrédients secs dans un grand bol. Faire un puits au centre.

Battre les oeufs dans un bol séparé. Ajouter tous les ingrédients restants et tourner pour mélanger. Verser dans le puits. Tourner seulement assez pour humecter. Remplir aux ³/₄ des moules à muffins graissés. Cuire au four à 400°F (200°C) de 20 à 25 minutes. Donne 36 muffins.

Photo page 125.

MUFFINS AUX CANNEBERGES

La garniture au sucre les complète bien.

Farine tout usage	2 tasses	500 mL
Sucre granulé	1/2 tasse	125 mL
Poudre à pâte	4 c. à thé	20 mL
Sel	1/2 c. à thé	2 mL
Oeufs	2	2
Huile	1/4 tasse	60 mL
Lait	1/2 tasse	125 mL
Sauce aux canneberges entières	1 tasse	250 mL

GARNITURE
Beurre ou margarine fondu(e)
Pincée de sucre granulé

Mettre dans un grand bol la farine, le sucre, la poudre à pâte et le sel. Bien mélanger. Faire un puits au centre.

Battre les oeufs dans un bol séparé pour les faire mousser. Incorporer l'huile, le lait et les canneberges. Verser dans le puits. Tourner pour humecter. La pâte aura des grumeaux. Remplir aux 3/4 des moules à muffins graissés.

Cuire au four à 400°F (200°C) de 20 à 25 minutes. Donne 18 à 24 muffins.

Garniture: Brosser le sommet des muffins cuits et chauds avec du beurre fondu. Saupoudrer de sucre granulé.

MUFFINS AUX CANNEBERGES FRAÎCHES: Utiliser des canneberges grossièrement hachées ou entières au lieu de la sauce aux canneberges. Ajouter un peu plus de lait seulement assez pour que la pâte ne soit pas trop dure.

MUFFINS AUX DATTES

Remplis de dattes. Pas secs et bons.

Dattes hachées	1¹/₂ tasse	375 mL
Eau bouillante	³/₄ tasse	175 mL
Bicarbonate de soude	1 c. à thé	5 mL
Farine tout usage	1³/₄ tasse	425 mL
Poudre à pâte	1 c. à thé	5 mL
Sel	¹/₂ c. à thé	2 mL
Noix de Grenoble hachées	¹/₂ tasse	125 mL
Oeufs	2	2
Cassonade tassée	³/₄ tasse	175 mL
Huile	¹/₄ tasse	50 mL
Vanille	1 c. à thé	5 mL

Mettre les dattes, l'eau et le bicarbonate de soude dans un bol. Mettre de côté.

Mettre dans un second bol la farine, la poudre à pâte, le sel et les noix. Bien tourner. Mettre de côté.

Battre dans un bol les oeufs pour les faire mousser. Lentement incorporer le sucre, l'huile et la vanille. Incorporer le mélange avec les dattes. Verser et incorporer les ingrédients secs du second bol. Tourner. Ne vous inquiétez pas si la pâte a des grumeaux. Remplir aux ³/₄ les moules à muffins graissés. Cuire au four à 400°F (200°C) de 20 à 25 minutes. Démouler après 5 minutes. Donne 16 muffins.

Photo page 17.

MUFFINS AUX FRUITS

Un muffin jamais sec. Utilise les fruits qui restent.

Farine tout usage	2 tasses	500 mL
Poudre à pâte	1 c. à thé	5 mL
Bicarbonate de soude	1 c. à thé	5 mL
Sel	1 c. à thé	5 mL
Beurre ou margarine ramolli(e)	¹/₂ tasse	125 mL
Sucre granulé	¹/₂ tasse	125 mL
Oeuf	1	1
Lait	1 tasse	250 mL
Fruits en conserve, coupés en dés, égouttés	³/₄ tasse	175 mL

(continuer à la prochaine page)

Mélanger dans un grand bol la farine, la poudre à pâte, le bicarbonate de soude et le sel. Faire un puits au centre.

En utilisant un bol plus petit, bien battre en crème le beurre, le sucre et l'oeuf. Incorporer le lait et les fruits. Verser dans le puits. Tourner seulement pour humecter. La pâte aura des grumeaux. Remplir aux ³/₄ les moules à muffins graissés. Cuire au four à 400°F (200°C) de 20 à 25 minutes. Laisser reposer 5 minutes puis démouler. Servir tiède. Donne 16 muffins.

MUFFINS FRUITÉS

Épicés et remplis de couleurs.

Farine tout usage	2 tasses	500 mL
Poudre â pâte	1 c. à thé	5 mL
Bicarbonate de soude	1 c. à thé	5 mL
Sel	³/₄ c. à thé	4 mL
Cannelle	1 c. à thé	5 mL
Raisins secs	¹/₂ tasse	125 mL
Assortiment de fruits confits	¹/₂ tasse	125 mL
Beurre ou margarine ramolli(e)	¹/₂ tasse	125 mL
Sucre granulé	³/₄ tasse	175 mL
Oeuf	1	1
Lait de beurre	1 tasse	250 mL
Vanille	¹/₂ c. à thé	2 mL

Mettre les 7 premiers ingrédients secs dans un grand bol. Mélanger. Faire un puits au centre.

Bien battre en crème dans un petit bol le beurre, le sucre et l'oeuf. Incorporer le lait de beurre et la vanille. Verser dans le puits. Tourner seulement assez pour humecter. La pâte aura des grumeaux. Remplir aux ³/₄ les moules à muffins graissés. Cuire au four à 400°F (200°C) de 20 à 25 minutes. Attendre 5 minutes pour démouler plus facilement par la suite. Servir tiède. Donne 18 muffins.

Glaçage à la vanille: Mélanger assez d'eau ou de lait avec ³/₄ de tasse (175 mL) de sucre à glacer pour obtenir un glaçage qui coule. Répandre sur les muffins.

MUFFINS AU GINGEMBRE

Sombres et différents, ils sont la surprise de la boîte à lunch. Il est mieux de doubler cette recette.

Beurre ou margarine ramolli(e)	$1/4$ tasse	50 mL
Sucre granulé	$1/4$ tasse	50 mL
Oeuf	1	1
Mélasse	$1/2$ tasse	125 mL
Eau chaude	$1/4$ tasse	60 mL
Farine tout usage	$1^3/4$ tasse	425 mL
Bicarbonate de soude	1 c. à thé	5 mL
Sel	$1/4$ c. à thé	1 mL
Cannelle	$1/2$ c. à thé	2 mL
Gingembre	$1/2$ c. à thé	2 mL
Clous de girofle	$1/4$ c. à thé	1 mL
Eau chaude	$1/4$ tasse	60 mL

Mettre dans un bol le beurre, le sucre, l'oeuf, la mélasse et la première quantité d'eau chaude. Bien battre ensemble.

Mettre les 6 prochains ingrédients secs dans le même bol. Mélanger.

Incorporer graduellement l'eau chaude à la pâte. Remplir aux $3/4$ des moules à muffins graissés. Cuire au four à 400°F (200°C) de 20 à 25 minutes jusqu'à ce qu'un cure-dent inséré ressorte propre. Laisser reposer 5 minutes puis démouler. Donne 12 muffins.

Photo page 17.

MUFFINS MINCEMEAT

Nourrissants et délicieux.

Farine tout usage	1 tasse	250 mL
Farine de blé entier	1 tasse	250 mL
Sucre granulé	$1/4$ tasse	50 mL
Poudre à pâte	1 c. à thé	5 mL
Bicarbonate de soude	1 c. à thé	5 mL
Sel	$1/2$ c. à thé	2 mL
Cannelle	$1/2$ c. à thé	2 mL
Oeuf	1	1
Huile	$1/4$ tasse	60 mL
Mincemeat	1 tasse	250 mL
Lait ou jus de fruit	$1/2$ tasse	125 mL

(continuer à la prochaine page)

Mettre les 7 premiers ingrédients dans un grand bol. Mélanger. Faire un puits au centre.

Battre dans un autre bol l'oeuf pour le faire mousser. Incorporer l'huile, le mincemeat et le lait. Verser dans le puits. Tourner seulement pour humecter. La pâte aura des grumeaux. Remplir aux $3/4$ les moules à muffins graissés. Cuire au four à 400°F (200°C) de 20 à 25 minutes. Laisser reposer 5 minutes. Démouler. Servir tiède. Donne 18 muffins.

Photo page de couverture.

MUFFINS À L'AVOINE

Une saveur bonne et riche.

Farine tout usage	$1^{1}/_4$ tasse	300 mL
Flocons d'avoine	1 tasse	250 mL
Cassonade tassée	$1/_4$ tasse	50 mL
Poudre à pâte	1 c. à soupe	15 mL
Sel	$1/_2$ c. à thé	2 mL
Cannelle	$1/_4$ c. à thé	1 mL
Raisins secs	$3/_4$ tasse	175 mL
Oeuf	1	1
Mélasse	2 c. à soupe	30 mL
Huile	$1/_4$ tasse	50 mL
Lait	1 tasse	250 mL
Vanille	1 c. à thé	5 mL

Mettre les 7 premiers ingrédients dans un grand bol. Mélanger. Faire un puits au centre.

Battre dans un petit bol l'oeuf pour le faire mousser. Incorporer la mélasse, l'huile, le lait et la vanille. Verser dans le puits. Tourner seulement pour humecter. La pâte aura des grumeaux. Remplir aux $3/4$ des moules à muffins graissés. Cuire au four à 400°F (200°C) de 20 à 25 minutes. Laisser reposer 5 minutes. Démouler. Servir tiède. Donne 16 muffins.

MUFFINS À L'ORANGE

*Une délicieuse saveur d'orange avec de petites particules de dattes.
Délicieux!*

Orange avec écorce en morceaux	1	1
Jus d'orange	1/2 tasse	125 mL
Dattes hachées	1/2 tasse	125 mL
Oeuf	1	1
Beurre ou margarine ramolli(e)	1/2 tasse	125 mL
Farine tout usage	1 3/4 tasse	425 mL
Sucre granulé	3/4 tasse	175 mL
Poudre à pâte	1 c. à thé	5 mL
Bicarbonate de soude	1 c. à thé	5 mL

Couper l'orange en 7 ou 8 morceaux. Enlever les graines. Mettre les morceaux d'orange et le jus dans un robot culinaire. Faire une purée.

Ajouter les dattes, l'oeuf et le beurre dans le robot. Mélanger. Verser dans un bol moyen.

Mettre dans un autre bol la farine, le sucre, la poudre à pâte et le bicarbonate de soude. Bien mélanger. Verser sur le mélange à l'orange. Tourner pour mélanger. Remplir aux 3/4 des moules à muffins graissés. Cuire au four à 400°F (200°C) pendant 20 minutes. Laisser reposer 5 minutes puis démouler. Donne 12 gros muffins ou 16 muffins moyens.

Photo page de couverture.

MUFFINS ORANGE ET SON

L'orange fait vibrer ces muffins. Un muffin supérieur.

Farine tout usage	1 tasse	250 mL
Céréales de son All bran ou son	1 tasse	250 mL
Poudre à pâte	1 c. à thé	5 mL
Bicarbonate de soude	1 c. à thé	5 mL
Sel	1/4 c. à thé	1 mL
Cassonade tassée	1/2 tasse	125 mL
Noix muscade	1/8 c. à thé	0,5 mL
Oeuf	1	1
Huile	1/4 tasse	60 mL
Lait sur ou lait de beurre	3/4 tasse	200 mL

(continuer à la prochaine page)

Jus d'orange	2 c. à soupe	30 mL
Écorce d'orange râpée	1 c. à thé	5 mL
Dattes hachées	1 tasse	250 mL

Mettre les 7 premiers ingrédients dans un bol. Bien mélanger. Faire un puits au centre.

Battre dans un autre bol l'oeuf pour le faire mousser. Incorporer l'huile, le lait sur, le jus d'orange, l'écorce d'orange et les dattes. Verser dans le puits. Tourner seulement assez pour humecter. La pâte aura des grumeaux. Remplir aux $3/4$ des moules à muffins graissés. Cuire au four à 400°F (200°C) de 20 à 25 minutes. Donne 12 muffins.

Note: Pour faire du lait sur, ajouter du lait à 1 c. à soupe (15 mL) de vinaigre pour obtenir $3/4$ de tasse (175 mL).

MUFFINS AU BEURRE D'ARACHIDES

Des éléments nutritifs emballés dans un petit contenant.

Farine tout usage	$1^1/2$ tasse	375 mL
Sucre granulé	$1/4$ tasse	50 mL
Poudre à pâte	1 c. à soupe	15 mL
Sel	$1/2$ c. à thé	2 mL
Céréales de son All bran	1 tasse	250 mL
Lait	1 tasse	250 mL
Oeuf	1	1
Beurre d'arachides	$1/2$ tasse	125 mL
Huile	$1/4$ tasse	60 mL
Lait	$1/4$ tasse	60 mL

Mettre dans un grand bol la farine, le sucre, la poudre à pâte et le sel. Tourner pour mélanger. Faire un puits au centre.

Mettre les céréales avec le lait dans un bol moyen.

Ajouter l'oeuf et le beurre d'arachides aux céréales. Battre à la cuillère pour bien mélanger. Ajouter l'huile et le lait. Tourner. Verser dans le puits. Tourner seulement assez pour humecter. La pâte aura des grumeaux. Remplir aux $3/4$ des moules à muffins graissés. Cuire au four à 400°F (200°C) de 20 à 25 minutes. Attendre 5 minutes pour démouler plus facilement. Servir tiède. Donne 16 muffins.

Photo page 17.

MUFFINS AUX RAISINS SECS

Couleur bonne et riche bourrée de raisins secs.

Raisins secs	1 1/2 tasse	375 mL
Eau	1 tasse	250 mL
Beurre ou margarine ramolli(e)	1/2 tasse	125 mL
Cassonade tassée	3/4 tasse	175 mL
Oeuf	1	1
Vanille	1 c. à thé	5 mL
Eau des raisins secs	1/2 tasse	125 mL
Farine tout usage	2 tasses	500 mL
Poudre à pâte	1 c. à thé	5 mL
Bicarbonate de soude	1 c. à thé	5 mL
Sel	1/4 c. à thé	1 mL
Cannelle	1/2 c. à thé	2 mL
Noix muscade	1/2 c. à thé	2 mL

Mettre les raisins secs et l'eau dans une casserole. Amener à ébullition. Faire mijoter couvert pendant 10 minutes jusqu'à ce que les raisins secs soient gonflés et tendres. Retirer du feu. Enlever le couvercle pour refroidir.

Battre en crème dans un grand bol le beurre, la cassonade et l'oeuf. Ajouter la vanille. Égoutter les raisins secs en mettant de côté 1/2 tasse de jus. Incorporer les raisins à la pâte.

Mettre tous les ingrédients secs restants dans un grand bol séparé. Tourner pour mélanger. Ajouter au mélange avec le beurre en alternant avec l'eau des raisins et en tournant après chaque addition jusqu'à ce que tout soit mélangé. Remplir aux 3/4 des moules à muffins graissés. Cuire au four à 375°F (190°C) pendant environ 20 minutes. Servir tiède. Donne 18 muffins.

Note: On peut ajouter des noix hachées qui seront les bienvenues.

MUFFINS DE 6 SEMAINES AU SON

Conservez la pâte au réfrigérateur. Cuire des muffins frais chaque jour si vous le désirez.

Céréales de flocons de son	4 tasses	1 L
Céréales de son All bran	2 tasses	500 mL
Eau bouillante	2 tasses	500 mL
Beurre ou margarine ramolli(e)	1 tasse	250 mL
Sucre granulé	1¹/₂ tasse	375 mL
Cassonade tassée	1¹/₂ tasse	375 mL
Oeufs	4	4
Lait de beurre	4 tasses	1 L
Mélasse (facultative)	¹/₄ tasse	50 mL
Farine tout usage	5 tasses	1,25 L
Bicarbonate de soude	2 c. à soupe	30 mL
Poudre à pâte	1 c. à soupe	15 mL
Sel	1 c. à thé	5 mL
Raisins secs	2 tasses	500 mL

Mettre dans un grand bol les céréales et l'eau bouillante. Laisser reposer.

Battre en crème dans un bol le beurre et les sucres. Incorporer un à un les oeufs en battant bien après chaque addition. Incorporer le lait de beurre. Ajouter la mélasse. Incorporer le mélange ayant les céréales.

Mettre dans un autre bol la farine, le bicarbonate de soude, la poudre à pâte, le sel et les raisins secs. Bien mélanger. Ajouter à la pâte. Tourner pour mélanger. Conserver au réfrigérateur. La pâte se gardera pendant 6 semaines. Selon le besoin, remplir aux ³/₄ des moules à muffins graissés. Cuire au four à 400°F (200°C) de 20 à 25 minutes. Démouler après 5 minutes.

Variation: On peut utiliser 2 tasses (500 mL) de flocons de son et 4 tasses (1 L) de céréales All bran. Ou on peut utiliser du son naturel pour remplacer un type de céréales.

Photo page 17.

MUFFINS A L'ANANAS

Un muffin à la texture fine délicatement parfumé.

Farine tout usage	2 tasses	500 mL
Sucre granulé	1/2 tasse	125 mL
Poudre à pâte	1 c. à soupe	15 mL
Sel	1/2 c. à thé	2 mL
Oeuf	1	1
Huile	1/4 tasse	60 mL
Lait	1 tasse	250 mL
Ananas écrasé, bien égoutté	1/2 tasse	125 mL

Mettre dans un grand bol la farine, le sucre, la poudre à pâte et le sel. Tourner. Faire un puits au centre.

Battre l'oeuf dans un petit bol pour le faire mousser. Incorporer l'huile, le lait et l'ananas. Verser dans le puits. Tourner seulement assez pour humecter. La pâte aura des grumeaux. Remplir aux 3/4 des moules à muffins graissés. Cuire au four à 400°F (200°C) de 20 à 25 minutes. Attendre 5 minutes pour démouler plus facilement. Servir tiède. Donne 18 muffins.

MUFFINS AUX GRAINES DE PAVOT

Servir tiède avec du beurre à l'érable pour un vrai régal.

Lait	1 tasse	250 mL
Graines de pavot	1/2 tasse	125 mL
Beurre ou margarine ramolli(e)	1/4 tasse	60 mL
Sucre granulé	3 c. à soupe	50 mL
Oeuf	1	1
Vanille	1 c. à thé	5 mL
Farine tout usage	2 tasses	500 mL
Poudre à pâte	1 c. à soupe	15 mL
Sel	1/2 c. à thé	2 mL

(continuer à la prochaine page)

Mettre le lait et les graines de pavot dans un petit bol. Laisser reposer environ 10 minutes.

Bien battre en crème le beurre, le sucre et l'oeuf dans un autre bol. Ajouter la vanille. Incorporer le mélange avec les graines de pavot.

Mettre dans un grand bol la farine, la poudre à pâte et le sel. Tourner pour bien mélanger. Faire un puits au centre. Verser le mélange humide dans le puits. Tourner seulement pour humecter. Remplir aux 3/4 des moules à muffins graissés. Cuire au four à 400°F (200°C) de 20 à 25 minutes. Servir tiède. Donne 15 muffins.

Photo page 17.

MUFFINS AUX COURGETTES

Toujours populaires. Bons et épicés avec de la farine de blé entier comme avantage supplémentaire.

Farine tout usage	1 tasse	250 mL
Farine de blé entier	1 tasse	250 mL
Poudre à pâte	1 1/2 c. à thé	7 mL
Bicarbonate de soude	1/2 c. à thé	2 mL
Cannelle	1 c. à thé	5 mL
Toute-épice	1/2 c. à thé	2 mL
Sel	1 c. à thé	5 mL
Oeuf	1	1
Huile	1/4 tasse	60 mL
Sucre granulé	1/2 tasse	125 mL
Courgettes râpées	1 tasse	250 mL
Lait	1/2 tasse	125 mL

Mettre dans un grand bol tous les 7 ingrédients secs. Bien tourner. Faire un puits au centre.

Battre l'oeuf dans un plus petit bol pour le faire mousser. Incorporer l'huile, le sucre, les courgettes et le lait. Verser dans le puits. Tourner seulement pour humecter. La pâte aura des grumeaux. Remplir aux 3/4 des moules à muffins graissés. Cuire au four à 400°F (200°C) de 20 à 25 minutes. Laisser reposer 5 minutes. Démouler. Servir tiède. Donne 12 grands muffins.

Photo page de couverture.

MUFFINS À LA CITROUILLE

Pas secs et tendres. Un muffin délicieux.

Farine tout usage	1¹/₂ tasse	375 mL
Poudre à pâte	1 c. à thé	5 mL
Bicarbonate de soude	1 c. à thé	5 mL
Sel	¹/₂ c. à thé	2 mL
Cannelle	¹/₂ c. à thé	2 mL
Noix muscade	¹/₂ c. à thé	2 mL
Gingembre	¹/₂ c. à thé	2 mL
Raisins secs	¹/₂ tasse	125 mL
Oeuf	1	1
Sucre granulé	¹/₄ tasse	50 mL
Huile	¹/₃ tasse	75 mL
Citrouille cuite (non épicée)	1 tasse	250 mL
Lait	¹/₄ tasse	60 mL

Mettre les 8 premiers ingrédients secs dans un grand bol. Bien tourner. Faire un puits au centre.

Battre l'oeuf dans un petit bol pour le faire mousser. Incorporer le sucre, l'huile, la citrouille et le lait. Verser dans le puits. Tourner seulement pour humecter. La pâte aura des grumeaux. Remplir aux ³/₄ des moules à muffins graissés. Cuire au four à 400°F (200°C) de 20 à 25 minutes. Laisser reposer 5 minutes. Démouler. Servir tiède. Donne 14 muffins.

MUFFINS ORANGE ET CITROUILLE: Ajouter 1¹/₂ c. à soupe (25 mL) d'écorce d'orange râpée à la pâte.

1. Pain Abricots et Raisins Secs page 39
2. Noix Favorites page 57
3. Pain Épicé aux Cerises page 45
4. Pain Cannelle et Noix de Coco page 47
5. Pain Chocolat et Dattes page 43
6. Pain à l'Orange page 66
7. Pain des Fêtes aux Fruits page 63
8. Pain Abricots et Fromage page 40
9. Pain Graham et Dattes page 56
10. Pain Canneberges et Bananes page 52
11. Pain aux Fruits page 58
12. Barm Brack page 42
13. Pain aux Graines de Pavot page 69

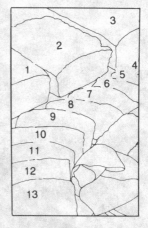

MUFFINS AU BLÉ ENTIER

Pourrait-on croire que des éléments nutritifs ont aussi bon goût?

Farine de blé entier	2 tasses	500 mL
Sucre granulé	1/4 tasse	50 mL
Poudre à pâte	1 c. à soupe	15 mL
Sel	1/2 c. à thé	2 mL
Oeuf battu	1	1
Lait	1 tasse	250 mL
Huile	1/4 tasse	60 mL

Mélanger dans un bol la farine, le sucre, la poudre à pâte et le sel. Faire un puits au centre.

Verser l'oeuf, le lait et l'huile dans le puits. Tourner seulement pour humecter. Remplir aux 3/4 des moules à muffins graissés. Cuire au four à 400°F (200°C) de 20 à 25 minutes. Servir tiède. Donne 12 muffins.

MUFFINS POMMES ET ÉPICES

Un muffin épicé de première classe. Bon goût de pomme.

Farine tout usage	2 tasses	500 mL
Flocons de son	1 tasse	250 mL
Cassonade tassée	2/3 tasse	150 mL
Poudre à pâte	1 c. à soupe	15 mL
Sel	1 c. à thé	5 mL
Cannelle	1/2 c. à thé	2 mL
Noix muscade	1/4 c. à thé	1 mL
Oeufs	2	2
Lait	2/3 tasse	150 mL
Huile	1/4 tasse	50 mL
Pomme râpée, pelée	1 tasse	250 mL

Mettre dans un bol la farine, les flocons de son, la cassonade, la poudre à pâte, le sel et les épices. Faire gonfler à la fourchette pour bien distribuer la poudre à pâte. En poussant le mélange, faire un puits au centre.

Battre légèrement dans un bol moyen les oeufs. Incorporer le lait, l'huile et la pomme. Bien tourner. Verser dans le puits. Tourner rapidement pour humecter. La pâte aura des grumeaux. Mettre à la cuillère dans des moules à muffins graissés. Cuire au four à 400°F (200°C) de 15 à 20 minutes. Donne 16 muffins.

Photo page de couverture.

PAIN AUX POMMES

Un pain tendre avec un goût délicat de pomme.

Beurre ou margarine ramolli(e)	¹/₂ **tasse**	**125 mL**
Sucre granulé	**1 tasse**	**250 mL**
Oeufs	**2**	**2**
Vanille	**1 c. à thé**	**5 mL**
Pomme grossièrement râpée, non pelée, tassée	**1 tasse**	**250 mL**
Farine tout usage	**2 tasses**	**500 mL**
Poudre à pâte	**1 c. à thé**	**5 mL**
Bicarbonate de soude	¹/₂ **c. à thé**	**2 mL**
Sel	¹/₂ **c. à thé**	**2 mL**
Noix de Grenoble hachées	¹/₂ **tasse**	**125 mL**

Mettre dans un bol le beurre, le sucre et 1 oeuf. Battre pour obtenir un mélange lisse. Ajouter le second oeuf et bien battre. Incorporer la vanille.

Râper grossièrement la pomme. Incorporer.

Mélanger dans un autre bol la farine, la poudre à pâte, le bicarbonate de soude, le sel et les noix. Verser dans la pâte. Tourner seulement pour humecter. Mettre dans un moule à pain graissé de 9×5×3 pouces (23×12×7 cm). Cuire au four à 350°F (180°C) de 50 à 60 minutes jusqu'à ce qu'un cure-dent inséré ressorte propre. Laisser reposer 10 minutes puis démouler. Mettre sur une grille pour refroidir. Envelopper. Donne 1 pain.

PAIN ABRICOTS ET RAISINS SECS

Un pain supérieur, parfumé et aux fruits.

Beurre ou margarine ramolli(e)	¹/₄ tasse	50 mL
Cassonade tassée	³/₄ tasse	175 mL
Oeufs	2	2
Jus d'orange	1 tasse	250 mL
Farine tout usage	2 tasses	500 mL
Poudre à pâte	2 c. à thé	10 mL
Sel	1 c. à thé	5 mL
Abricots secs grossièrement hachés	1 tasse	250 mL
Raisins secs	1 tasse	250 mL
Pacanes ou noix de Grenoble hachées	¹/₂ tasse	125 mL
Écorce d'orange hachée finement	1 c. à soupe	15 mL
GLAÇAGE		
Confiture d'abricots	3 c. à soupe	50 mL
Eau	1 c. à soupe	15 mL

Battre le beurre, la cassonade et 1 oeuf pour obtenir un mélange lisse. Incorporer le second oeuf et battre. Incorporer le jus d'orange.

Mettre dans un second bol la farine, la poudre à pâte et le sel. Incorporer les abricots, les raisins secs, les noix et l'écorce. Tout verser d'un coup sur la pâte dans le premier bol. Tourner seulement pour humecter. Mettre dans un moule à pain graissé de 9×5×3 pouces (23×12×7 cm). Cuire au four à 350°F (180°C) pendant 1 heure jusqu'à ce que le pain soit cuit. Laisser reposer 10 minutes. Démouler et mettre sur une grille pour refroidir. Envelopper. Faire un ou deux jours à l'avance pour couper facilement et obtenir plus de saveur. Donne 1 pain.

Glaçage: Réchauffer la confiture d'abricots et l'eau. Passer à travers une passoire. Mettre à la cuillère sur le pain chaud.

Photo page 35.

PAIN AUX BANANES

Une vieille recette fidèle. Assez sombre avec beaucoup de particules.

Beurre ou margarine ramolli(e)	¹/₂ tasse	125 mL
Sucre granulé	1 tasse	250 mL
Oeufs	2	2
Bananes mûres écrasées (3 moyennes)	1 tasse	250 mL
Farine tout usage	2 tasses	500 mL
Bicarbonate de soude	1 c. à thé	5 mL
Poudre à pâte	¹/₂ c. à thé	2 mL
Sel	¹/₂ c. à thé	2 mL
Noix de Grenoble hachées	1 tasse	250 mL

Battre en crème le beurre et le sucre. Incorporer un à la fois les oeufs en battant pour obtenir un mélange lisse. Ajouter les bananes écrasées et mélanger.

Mélanger dans un second bol la farine, le bicarbonate de soude, la poudre à pâte, le sel et les noix. Ajouter au mélange à la banane en tournant seulement pour humecter. Transférer dans un moule à pain graissé de 9×5×3 pouces (23×12×7 cm). Cuire au four à 350°F (180°C) pendant environ 1 heure jusqu'à ce qu'un cure-dent inséré ressorte propre. Laisser reposer 10 minutes. Démouler et mettre sur une grille pour refroidir. Envelopper pour conserver. Donne 1 pain.

PAIN AUX BANANES ET AU CHOCOLAT: Ajouter ³/₄ de tasse (175 mL) de brisures de chocolat mi-sucré.

PAIN ABRICOTS ET FROMAGE

Un beau pain un peu aigrelet.

Eau bouillante	1 tasse	250 mL
Abricots secs en morceaux	1 tasse	250 mL
Beurre ou margarine ramolli(e)	3 c. à soupe	50 mL
Fromage à la crème ramolli	6 onces	125 g
Sucre granulé	1 tasse	250 mL
Oeufs	2	2
Farine tout usage	2 tasses	500 mL
Poudre à pâte	2 c. à thé	10 mL
Bicarbonate de soude	¹/₂ c. à thé	2 mL
Sel	¹/₂ c. à thé	2 mL
Dattes hachées	1 tasse	250 mL

(continuer à la prochaine page)

Verser l'eau bouillante sur les morceaux d'abricots dans un petit bol. Refroidir.

Battre en crème le beurre, le fromage ramolli et le sucre. Incorporer les oeufs un à la fois jusqu'à l'obtention d'un mélange lisse. Incorporer les abricots refroidis et l'eau.

Mettre dans un autre bol la farine, la poudre à pâte, le bicarbonate de soude, le sel et les dattes. Bien mélanger. Verser dans la pâte et tourner pour bien humecter. Mettre dans un moule à pain graissé de 9×5×3 pouces (23×12×7 cm). Cuire au four à 350°F (180°C) pendant 1 heure jusqu'à ce que le pain semble cuit. Laisser reposer 10 minutes. Démouler et mettre sur une grille. Refroidir et envelopper. Donne 1 pain.

Photo page 35.

PAIN BANANES ET NOIX DE COCO

Joli à voir avec une saveur équivalente.

Oeufs	2	2
Sucre granulé	1 tasse	250 mL
Beurre ou margarine fondu(e)	1/2 tasse	125 mL
Bananes mûres écrasées (3 moyennes)	1 tasse	250 mL
Essence d'amande	1/2 c. à thé	2 mL
Farine tout usage	11/2 tasse	375 mL
Noix de coco râpée de grosseur moyenne	1/2 tasse	125 mL
Poudre à pâte	11/2 c. à thé	7 mL
Bicarbonate de soude	1/2 c. à thé	2 mL
Sel	1/2 c. à thé	2 mL
Noix de Grenoble hachées	1/2 tasse	125 mL
Cerises à marasquin hachées	1/2 tasse	125 mL

Casser les oeufs dans un bol. Battre pour obtenir un mélange léger et mousseux. Ajouter le sucre et le beurre fondu. Bien battre. Incorporer les bananes écrasées et l'essence.

Mettre dans un autre bol les ingrédients restants. Tourner pour bien mélanger. Verser sur la pâte. Tourner seulement pour mélanger. Mettre à la cuillère dans un moule à pain graissé de 9×5×3 pouces (23×12×7 cm). Cuire pendant 1 heure au four à 350°F (180°C) jusqu'à ce qu'un cure-dent inséré au centre en ressorte propre. Laisser reposer pendant 10 minutes. Démouler. Refroidir. Envelopper. Donne 1 pain.

Photo page de couverture.

BARM BRACK

Il faut planifier ce pain irlandais la veille au soir. Vous trouverez qu'il ne sèche pas et qu'il est différent. Bon.

Thé froid	1 tasse	250 mL
Raisins secs	1 tasse	250 mL
Assortiment d'écorces de fruits coupées	1/2 tasse	125 mL
Raisins de Corinthe	1/2 tasse	125 mL
Sucre granulé	1 tasse	250 mL
Oeuf	1	1
Beurre ou margarine fondu(e)	1/4 tasse	50 mL
Farine tout usage	2 tasses	500 mL
Poudre à pâte	1 c. à thé	5 mL
Bicarbonate de soude	1/4 c. à thé	1 mL
Sel	1/4 c. à thé	1 mL

Mettre le thé dans un grand bol avec les raisins secs, les écorces, les raisins de Corinthe et le sucre. Laisser reposer couvert pendant une nuit.

Le lendemain battre l'oeuf pour le faire mousser. Incorporer au mélange avec le fruit. Incorporer le beurre fondu au fruit.

Mélanger dans un autre bol les 4 ingrédients secs restants. Ajouter à la pâte avec le fruit. Tourner pour mélanger. Mettre à la cuillère dans un moule à pain graissé de 9×5×3 pouces (23×12×7 cm). Cuire au four à 350°F (180°C) de 60 à 70 minutes. Refroidir pendant 10 minutes. Mettre sur une grille pour refroidir. Servir tranché avec du beurre. Donne 1 pain.

Photo page 35.

PAIN CHOCOLAT ET DATTES

Sombre et délicieux avec une texture fine. Un grand pain. Bon! Bon!

Dattes hachées	1 tasse	250 mL
Bicarbonate de soude	1 c. à thé	5 mL
Eau bouillante	1 tasse	250 mL
Vanille	1 c. à thé	5 mL
Beurre ou margarine ramolli(e)	³/₄ tasse	175 mL
Sucre granulé	1 tasse	250 mL
Oeufs	2	2
Farine tout usage	2 tasses	500 mL
Cacao	¹/₂ tasse	125 mL
Bicarbonate de soude	1 c. à thé	5 mL
Sel	¹/₂ c. à thé	2 mL
Brisures de chocolat mi-sucré	¹/₂ tasse	125 mL

Mettre dans un petit bol les dattes, le bicarbonate de soude, l'eau bouillante et la vanille. Tourner. Mettre de côté pour un peu refroidir.

Battre en crème dans un grand bol le beurre et le sucre. Incorporer les oeufs un à la fois et battre après chaque addition pour obtenir un mélange lisse. Ajouter le mélange aux dattes. Tourner.

Mettre dans un bol séparé la farine, le cacao, le bicarbonate de soude, le sel et les brisures. Tourner pour bien mélanger. Verser ensuite le mélange avec la farine dans le grand bol. Mélanger pour humecter. Mettre à la cuillère dans un moule à pain graissé de 9×5×3 pouces (23×12×7 cm).
Cuire au four pendant 1 heure à 350°F (180°C) ou jusqu'à ce que le pain semble cuit. Attendre 10 minutes avant de démouler et de finir de refroidir sur une grille. Envelopper. Donne 1 pain.

Photo page 35.

PAIN AUX CAROTTES

Vraiment savoureux et épicé.

Huile	¹/₂ tasse	125 mL
Oeufs	2	2
Sucre granulé	1 tasse	250 mL
Carottes hachées finement	1 tasse	250 mL
Farine tout usage	1³/₄ tasse	425 mL
Poudre à pâte	2 c. à thé	10 mL
Bicarbonate de soude	¹/₂ c. à thé	2 mL
Cannelle	1 c. à thé	5 mL
Noix muscade	³/₄ c. à thé	4 mL
Clous de girofle	¹/₄ c. à thé	1 mL
Gingembre	¹/₄ c. à thé	1 mL
Noix de Grenoble hachées	¹/₂ tasse	125 mL

Battre dans un bol l'huile, les oeufs et le sucre pour bien mélanger. Incorporer les carottes.

Mettre tous les ingrédients restants dans un autre bol. Verser dans la pâte avec les carottes. Tourner seulement pour humecter. Mettre dans un moule à pain graissé de 9×5×3 pouces (23×12×7 cm). Cuire au four à 350°F (180°C) pendant environ 1 heure ou jusqu'à ce qu'un cure-dent inséré en ressorte propre. Laisser reposer 10 minutes avant de démouler pour refroidir sur une grille. Conserver dans un sac en plastique. Donne 1 pain.

PAIN AUX CERISES À MARASQUIN

Les tranches sont parfumées avec couleur aussi bien qu'avec saveur. Joli et rose.

Beurre ou margarine ramolli(e)	¹/₄ tasse	50 mL
Sucre granulé	1 tasse	250 mL
Oeuf	1	1
Lait	²/₃ tasse	150 mL
Jus de cerises à marasquin	¹/₃ tasse	75 mL
Essence d'amande	1 c. à thé	5 mL
Farine tout usage	2 tasses	450 mL
Poudre à pâte	2 c. à thé	10 mL
Sel	¹/₄ c. à thé	2 mL
Noix de Grenoble hachées	¹/₂ tasse	125 mL
Cerises à marasquin hachées	²/₃ tasse	150 mL

(continuer à la prochaine page)

Mettre dans un bol le beurre, le sucre et l'oeuf. Battre jusqu'à l'obtention d'un mélange lisse. Ajouter le lait, le jus et l'essence.

Mettre dans un bol séparé la farine, la poudre à pâte et le sel. Incorporer les noix et les cerises. Verser dans le mélange avec les liquides. Tourner seulement assez pour humecter tous les ingrédients. Mettre à la cuillère dans un moule à pain graissé de 9×5×3 pouces (23×12×7 cm). Cuire au four à 350°F (180°C). Vérifier si le pain est cuit après 45 minutes de cuisson. Laisser reposer 10 minutes. Démouler le pain et refroidir sur une grille. Conserver dans un sac de plastique. Donne 1 pain.

PAIN ÉPICÉ AUX CERISES

Semble joli lorsque tranché. A bon goût.

Oeufs	2	2
Sucre granulé	1 tasse	250 mL
Huile	$^1/_2$ tasse	125 mL
Lait	$^3/_4$ tasse	175 mL
Essence d'amande	$^1/_2$ c. à thé	2 mL
Farine tout usage	2 tasses	500 mL
Poudre à pâte	1$^1/_2$ c. à thé	7 mL
Bicarbonate de soude	$^1/_2$ c. à thé	2 mL
Sel	$^1/_4$ c. à thé	1 mL
Dattes hachées	$^1/_2$ tasse	125 mL
Cerises confites	$^1/_2$ tasse	125 mL
Raisins secs	$^1/_2$ tasse	125 mL
Noix de Grenoble hachées	$^1/_2$ tasse	125 mL

Battre légèrement les oeufs. Incorporer le sucre et l'huile. Doucement ajouter le lait et l'essence d'amande.

Mettre dans un second bol la farine, la poudre à pâte, le bicarbonate de soude et le sel. Incorporer les dattes, les cerises, les raisins secs et les noix. Verser dans le mélange avec les liquides en tournant seulement pour humecter. Mettre à la cuillère dans un moule à pain graissé de 9×5×3 pouces (23×12×7 cm). Cuire 1 heure au four à 350°F (180°C) jusqu'à ce qu'un cure-dent inséré au centre en ressorte propre. Démouler après 10 minutes et refroidir sur une grille. Conserver dans un sac de plastique. Donne 1 pain.

Photo page 35.

PAIN CHOCOLAT ET DATTES

Un pain délicieux à servir avec du thé. Utilisez après l'avoir tartiné.

Dattes hachées	1 tasse	250 mL
Eau bouillante	3/4 tasse	175 mL
Bicarbonate de soude	1 c. à thé	5 mL
Oeuf battu	1	1
Sucre granulé	1/2 tasse	125 mL
Sel	3/4 c. à thé	4 mL
Vanille	1 c. à thé	5 mL
Brisures de chocolat mi-sucré fondues	3/4 tasse	175 mL
Beurre ou margarine fondu(e)	1/4 tasse	50 mL
Farine tout usage	1 3/4 tasse	425 mL
Poudre à pâte	1 c. à thé	5 mL
Noix de Grenoble hachées	1/2 tasse	125 mL

Mélanger les dattes hachées, l'eau bouillante et le bicarbonate de soude. Tourner et laisser refroidir.

Battre légèrement l'oeuf dans un bol. Incorporer le sucre, le sel et la vanille. Fondre en tournant les brisures et le beurre dans une petite casserole à feu doux. Incorporer au mélange avec l'oeuf. Incorporer le mélange aux dattes.

Mettre la farine, la poudre à pâte et les noix dans un bol. Bien tourner. Ajouter à la pâte. Tourner pour mélanger. Mettre dans un moule à pain graissé de 9×5×3 pouces (23×12×7 cm). Laisser reposer 20 minutes. Cuire au four à 350°F (180°C) pendant 1 heure ou jusqu'à ce que le pain soit cuit. Refroidir 10 minutes. Démouler. Ce pain se coupe mieux le lendemain. Donne 1 pain.

PAIN CANNELLE ET NOIX DE COCO

Délicieux avec un joli effet de vague lorsqu'il est tranché.

Oeufs	2	2
Huile	$1/4$ tasse	60 mL
Sucre granulé	1 tasse	250 mL
Crème sure	1 tasse	250 mL
Farine tout usage	$1^1/2$ tasse	375 mL
Poudre à pâte	$1^1/2$ c. à thé	7 mL
Bicarbonate de soude	1 c. à thé	5 mL
Sel	$1/4$ c. à thé	1 mL
Noix de coco râpée de grosseur moyenne	$1/2$ tasse	125 mL
Cassonade tassée	$1/4$ tasse	50 mL
Cannelle	2 c. à thé	10 mL

Battre les oeufs dans un bol pour les faire mousser. Incorporer l'huile et le sucre. Incorporer la crème sure.

Mettre dans un autre bol la farine, la poudre à pâte, le bicarbonate de soude et le sel. Bien mélanger et ajouter au premier bol. Tourner pour bien mélanger.

Mettre dans un petit bol la noix de coco, la cassonade et la cannelle.

Mettre $1/2$ de la pâte au fond d'un moule à pain graissé de 9×5×3 pouces (23×12×7 cm). Saupoudrer $1/2$ du mélange à la cannelle sur la pâte. Étaler par-dessus la seconde moitié de la pâte en mettant des touches ici et là. Saupoudrer la seconde moitié du mélange à la cannelle sur le pain. Traverser la pâte avec un couteau pour créer un effet marbré de vague. Cuire au four à 350°F (180°C) pendant 1 heure. Laisser reposer 10 minutes. Démouler et refroidir sur une grille. Envelopper. Donne 1 pain.

Photo page 35.

PAIN À LA NOIX DE COCO

Un beau pain pas sec pour les amateurs de noix de coco.

Beurre ou margarine ramolli(e)	$1/2$ tasse	125 mL
Sucre granulé	1 tasse	250 mL
Oeufs	2	2
Lait	$1/2$ tasse	125 mL
Vanille	1 c. à thé	5 mL
Farine tout usage	$1^1/2$ tasse	375 mL
Poudre à pâte	1 c. à thé	5 mL
Sel	$1/2$ c. à thé	2 mL
Noix de coco finement râpée	1 tasse	250 mL

Battre en crème le beurre et le sucre dans un bol. Incorporer les oeufs un à la fois. Incorporer le lait et la vanille.

Mélanger dans un petit bol la farine, la poudre à pâte, le sel et la noix de coco. Ajouter au premier mélange. Tourner pour mélanger. Mettre dans un moule à pain graissé de 9×5×3 pouces (23×12×7 cm). Cuire au four à 350°F (180°C) de 60 à 70 minutes jusqu'à ce qu'un cure-dent inséré en ressorte propre. Refroidir dans le moule 10 minutes. Démouler et mettre sur une grille pour finir de refroidir. Envelopper pour conserver. Donne 1 pain.

PAIN AU FROMAGE COTTAGE

Très bon servi avec des salades, des fruits ou une collation. Aussi une bonne façon d'utiliser le reste d'un fromage cottage. La saveur qui relève le pain vient des écorces de fruits.

Fromage cottage	1 tasse	250 mL
Cassonade tassée	1 tasse	250 mL
Oeufs	3	3
Farine tout usage	$1^3/4$ tasse	425 mL
Poudre à pâte	2 c. à thé	10 mL
Bicarbonate de soude	$1/2$ c. à thé	2 mL
Sel	$1/2$ c. à thé	2 mL
Noix de Grenoble hachées	$1/2$ tasse	125 mL
Assortiment d'écorces de fruits hachées	$1/2$ tasse	125 mL

(continuer à la prochaine page)

Battre le fromage cottage dans un robot culinaire ou passer à travers une passoire. Mettre dans un bol. Incorporer le sucre. Ajouter les oeufs un à la fois en battant bien après chaque addition. Mettre de côté.

Mettre les ingrédients restants dans un second bol. Bien mélanger. Verser dans le premier bol. Tourner seulement pour humecter. Mettre dans un moule à pain graissé de 9×5×3 pouces (23×12×7 cm). Cuire au four à 350°F (180°C) pendant environ 1 heure. Refroidir 10 minutes avant de démouler pour finir de refroidir sur une grille. Bien envelopper. Servir avec du beurre. Donne 1 pain.

PAIN AUX CANNEBERGES

Presque épicé. Vous souhaiterez que ce pain soit énorme.

Farine tout usage	1 tasse	250 mL
Chapelure de biscuits graham	1 tasse	250 mL
Cassonade tassée	1/2 tasse	125 mL
Poudre à pâte	2 c. à thé	10 mL
Sel	1/2 c. à thé	2 mL
Canneberges hachées	1 tasse	250 mL
Raisins secs	1 tasse	250 mL
Noix de Grenoble hachées	1/2 tasse	125 mL
Écorce d'orange râpée	1 c. à soupe	15 mL
Oeuf battu	1	1
Jus d'orange	1 tasse	250 mL
Huile	1/3 tasse	75 mL

Mélanger les 5 premiers ingrédients dans un bol.

Incorporer les canneberges, les raisins secs, les noix et l'écorce d'orange.

Ajouter l'oeuf battu, le jus d'orange et l'huile. Tourner seulement pour mélanger. Mettre dans un moule à pain graissé de 9×5×3 pouces (23×12×7 cm). Cuire au four à 350°F (180°C) pendant 1 heure jusqu'à ce qu'un cure-dent inséré en ressorte propre. Laisser reposer 10 minutes. Démouler et refroidir. Envelopper. Donne 1 pain.

PAIN AUX CERISES ET DATTES

Donne un pain grand et bon.

Beurre ou margarine ramolli(e)	$1/4$ tasse	60 mL
Dattes hachées	$1/2$ tasse	125 mL
Bicarbonate de soude	1 c. à thé	5 mL
Eau bouillante	1 tasse	250 mL
Vanille	1 c. à thé	5 mL
Farine tout usage	2 tasses	500 mL
Sucre granulé	1 tasse	250 mL
Poudre à pâte	1 c. à thé	5 mL
Sel	$1/2$ c. à thé	2 mL
Cerises confites coupées en moitiés	1 tasse	250 mL
Noix hachées	$1/2$ tasse	125 mL
Oeufs battus	2	2

Mettre dans un bol moyen le beurre, les dattes et le bicarbonate de soude. Verser l'eau bouillante et ajouter la vanille.

Mettre dans un second bol la farine, le sucre, la poudre à pâte et le sel. Incorporer les cerises et les noix.

Battre dans un bol les oeufs jusqu'à ce qu'ils moussent et soient légers. Ajouter le mélange aux dattes. Tourner pour mélanger. Ajouter le mélange avec la farine et les cerises. Tourner seulement pour humecter. Mettre à la cuillère dans un moule à pain graissé de 9×5×3 pouces (23×12×7 cm). Cuire au four à 350°F (180°C) pendant 1 heure. Vérifier avec un cure-dent si le pain est cuit. Refroidir 10 minutes. Démouler pour finir de refroidir sur une grille. Conserver dans un sac de plastique. Donne 1 pain.

Un excellent choix savoureux.

Beurre ou margarine ramolli(e)	¼ tasse	50 mL
Sucre granulé	1 tasse	250 mL
Oeuf	1	1
Jus d'1 orange et eau pour faire	¾ tasse	175 mL
Farine tout usage	2 tasses	450 mL
Poudre à pâte	1½ c. à thé	7 mL
Bicarbonate de soude	½ c. à thé	2 mL
Sel	½ c. à thé	2 mL
Écorce d'orange râpée	1	1
Canneberges entières, fraîches ou gelées	1½ tasse	375 mL
Pacanes ou noix de Grenoble hachées	½ tasse	125 mL

Mettre le beurre, le sucre et l'oeuf dans un bol. Battre pour obtenir un mélange lisse. Incorporer le jus.

Mettre dans un second bol la farine, la poudre à pâte, le bicarbonate de soude et le sel. Incorporer l'écorce d'orange, les canneberges et les noix. Ajouter à la pâte en tournant seulement pour humecter. Mettre dans un moule à pain graissé de 9×5×3 pouces (23×12×7 cm). Cuire au four à 350°F (180°C) pendant 1 heure. Vérifier avec un cure-dent si le pain est cuit en essayant de ne pas piquer une canneberge entière. Laisser reposer 10 minutes. Démouler. Refroidir sur une grille. Envelopper. Le goût est même meilleur le lendemain. Donne 1 pain.

Variation: Ajouter ½ tasse (50 mL) de cerises vertes hachées. Hacher les canneberges ou les laisser entières.

Photo page de couverture.

PAIN CANNEBERGES ET BANANES

Un mélange subtil de saveurs avec une pointe épicée.

Beurre ou margarine fondu(e)	$1/4$ tasse	50 mL
Sucre granulé	1 tasse	250 mL
Oeufs	2	2
Bananes mûres écrasées (2 ou 3)	$3/4$ tasse	175 mL
Canneberges hachées, fraîches ou gelées	1 tasse	250 mL
Farine tout usage	$1^1/2$ tasse	350 mL
Poudre à pâte	$1^1/2$ c. à thé	10 mL
Bicarbonate de soude	$1/2$ c. à thé	2 mL
Sel	$1/2$ c. à thé	2 mL
Cannelle	$1/2$ c. à thé	2 mL

Mettre le beurre, le sucre et 1 oeuf dans un bol. Battre pour obtenir un mélange lisse. Incorporer le second oeuf. Incorporer les bananes et les canneberges.

Mettre dans un autre bol la farine, la poudre à pâte, le bicarbonate de soude, le sel et la cannelle. Bien tourner. Ajouter d'un seul coup au mélange à la banane. Tourner seulement pour humecter. Mettre dans un moule à pain graissé de 9x5x3 pouces (23x12x7 cm). Cuire au four à 350°F (180°C) pendant 1 heure jusqu'à ce que le pain semble cuit. Laisser reposer 10 minutes. Démouler et refroidir sur une grille. Envelopper. Donne 1 pain.

Photo page 35.

PAIN DATTES ET ANANAS

Un mélange délicieux moins coloré que la plupart des pains aux dattes.

Ananas écrasé avec jus	1 tasse	250 mL
Dattes hachées	1 tasse	250 mL
Bicarbonate de soude	1 c. à thé	5 mL
Beurre ou margarine ramolli(e)	$^1/_4$ tasse	50 mL
Miel (ou sucre $^3/_4$ tasse 175 mL)	$^1/_2$ tasse	125 mL
Oeuf	1	1
Vanille	1 c. à thé	5 mL
Farine tout usage	2 tasses	500 mL
Poudre à pâte	2 c. à thé	10 mL
Sel	$^1/_2$ c. à thé	2 mL

Réchauffer l'ananas dans une casserole. Retirer du feu. Ajouter les dattes et le bicarbonate de soude. Tourner. Refroidir.

Battre dans un bol le beurre, le miel, l'oeuf et la vanille. Incorporer le mélange aux dattes.

Mélanger dans un petit bol la farine, la poudre à pâte et le sel. Tourner pour mélanger et verser ensuite dans la pâte. Tourner seulement pour humecter. Mettre à la cuillère dans un moule à pain graissé de 9×5×3 pouces (23×12×7 cm). Cuire au four à 350°F (180°C) pendant 1 heure ou jusqu'à ce que le pain semble cuit. Laisser reposer 10 minutes. Démouler. Refroidir et envelopper. Donne 1 pain.

PAIN AUX DATTES

Jamais sec et très bon.

Dattes hachées	1¼ tasse	300 mL
Eau bouillante	¾ tasse	175 mL
Bicarbonate de soude	1 c. à thé	5 mL
Oeuf	1	1
Cassonade tassée	¾ tasse	175 mL
Sel	¾ c. à thé	3 mL
Vanille	1 c. à thé	5 mL
Farine tout usage	1½ tasse	350 mL
Poudre à pâte	1 c. à thé	5 mL
Noix de Grenoble hachées	½ tasse	125 mL
Beurre ou margarine fondu(e)	¼ tasse	50 mL

Mettre dans un petit bol les dattes, l'eau bouillante et le bicarbonate de soude. Tourner et refroidir.

Battre légèrement l'oeuf dans un bol plus grand. Ajouter le sucre, le sel et la vanille. Battre pour mélanger. Incorporer le mélange aux dattes.

Mélanger dans un bol séparé la farine et la poudre à pâte et verser dans le mélange aux dattes. Tourner pour mélanger. Incorporer les noix et le beurre fondu. Verser dans un moule à pain graissé de 9×5×3 cm (23×12×7 cm). Laisser reposer 20 minutes. Cuire ensuite à 350°F (180°C) au four pendant 1 heure. Laisser reposer 10 minutes. Démouler. Refroidir et envelopper. Donne 1 pain.

PAIN GRAHAM ET DATTES

C'est un pain sombre et bon.

Dattes hachées	1 tasse	250 mL
Eau bouillante	1 tasse	250 mL
Bicarbonate de soude	1 c. à thé	5 mL
Oeuf battu	1	1
Beurre ou margarine fondu(e)	2 c. à soupe	30 mL
Sucre granulé	¾ tasse	175 mL
Vanille	1 c. à thé	5 mL
Farine tout usage	1 tasse	250 mL
Farine graham	1 tasse	250 mL
Poudre à pâte	2 c. à thé	10 mL
Sel	½ c. à thé	2 mL
Noix de Grenoble hachées	½ tasse	125 mL

(continuer à la prochaine page)

Mettre dans un grand bol les dattes, l'eau et le bicarbonate de soude. Laisser refroidir un peu.

Battre dans un autre bol l'oeuf, le beurre, le sucre et la vanille. Incorporer au mélange avec les dattes.

Mettre dans un bol séparé les 5 ingrédients restants en mélangeant bien. Incorporer au mélange avec les dattes. Mettre dans un moule à pain graissé de 9×5×3 pouces (23×12×7 cm). Cuire au four pendant 1 heure à 350°F (180°C). Vérifier avec un cure-dent si le pain est cuit. Sortir du four et laisser reposer 10 minutes avant de démouler. Mettre sur une grille. Refroidir et envelopper. Donne 1 pain.

Photo page 35.

NOIX FAVORITES

Elles seront aussi vos noix préférées. Saveur magnifique.

Fromage à la crème à la température de la pièce	**8 onces**	**250 g**
Sucre granulé	**$1/3$ tasse**	**75 mL**
Oeuf	**1**	**1**
Oeufs	**2**	**2**
Huile	**$1/2$ tasse**	**125 mL**
Lait	**$1/2$ tasse**	**125 mL**
Écorce de citron hachée	**1 c. à thé**	**5 mL**
Farine tout usage	**$2 1/4$ tasses**	**550 mL**
Sucre granulé	**$1/3$ tasse**	**75 mL**
Cassonade tassée	**$1/3$ tasse**	**75 mL**
Bicarbonate de soude	**1 c. à thé**	**5 mL**
Sel	**1 c. à thé**	**5 mL**
Noix de Grenoble hachées	**1 tasse**	**250 mL**

Bien battre ensemble le fromage à la crème, le sucre et 1 oeuf. Mettre de côté.

Battre les autres 2 oeufs dans un bol pour les faisser mousser. Incorporer l'huile, le lait et l'écorce de citron.

Mettre les 6 ingrédients restants dans un bol séparé. Tourner pour bien mélanger. Verser d'un seul coup dans le mélange avec les oeufs et le lait. Tourner seulement pour humecter. Mettre à la cuillère $1/2$ de la pâte dans un moule à pain graissé de 9×5×3 pouces (23× 12×7 cm). Mettre à la cuillère au-dessus le mélange avec le fromage. Couvrir avec le reste de la pâte en laissant tomber de petites cuillerées ici et là. Cuire au four à 350°F (180°C) pendant 1 heure jusqu'à ce que le pain semble cuit. Laisser refroidir 10 minutes dans le moule avant de démouler et de mettre très soigneusement sur une grille. Donne 1 pain.

Photo page 35.

PAIN MOKA AUX DATTES

Un pain différent et délicieux.

Dattes hachées	1¹/₂ tasse	375 mL
Café chaud	1 tasse	250 mL
Bicarbonate de soude	1 c. à thé	5 mL
Beurre ou margarine fondu(e)	¹/₄ tasse	60 mL
Oeuf	1	1
Sucre granulé	1 tasse	250 mL
Farine tout usage	2 tasses	500 mL
Poudre à pâte	2 c. à thé	10 mL
Sel	¹/₂ c. à thé	2 mL
Noix hachées	¹/₂ tasse	125 mL

Mettre les dattes, le café et le bicarbonate de soude dans un bol. Refroidir.

Battre dans un grand bol le beurre fondu, l'oeuf et le sucre. Incorporer le mélange avec les dattes.

Mélanger la farine, la poudre à pâte, le sel et les noix dans un troisième bol. Verser tout sur la pâte. Tourner seulement pour humecter. Mettre à la cuillère dans un moule à pain graissé de 9×5×3 pouces (23×12×7 cm). Cuire au four à 350°F (180°C) pendant 1 heure ou jusqu'à ce que le pain semble cuit. Laisser reposer 10 minutes. Démouler. Refroidir et envelopper. Donne 1 pain.

PAIN AUX FRUITS

Un pain très beau avec du fruit mis sur un fond légèrement coloré.

Farine tout usage	2 tasses	500 mL
Sucre granulé	³/₄ tasse	175 mL
Poudre à pâte	3¹/₂ c. à thé	20 mL
Sel	³/₄ c. à thé	4 mL
Ananas confit en dés	¹/₄ tasse	50 mL
Raisins secs ou raisins de Corinthe	¹/₂ tasse	125 mL
Cerises confites hachées	¹/₂ tasse	125 mL
Oeufs	2	2
Lait	1 tasse	250 mL
Huile	¹/₄ tasse	60 mL

(continuer à la prochaine page)

Mettre les 7 premiers ingrédients dans un grand bol. Bien tourner. Faire un puits au centre.

Casser les oeufs dans un petit bol. Battre pour les faire mousser. Incorporer le lait et l'huile. Verser dans le puits. Tourner seulement pour humecter. Verser dans un moule à pain graissé de 9×5×3 pouces (23×12×7 cm). Cuire au four à 350°F (180°C) pendant 1 heure. Laisser refroidir 10 minutes. Démouler. Donne 1 pain.

Photo page 35.

PAIN DES MOISSONS

Un pain brun avec des points foncés. Très savoureux.

Beurre ou margarine ramolli(e)	$^1/_2$ tasse	125 mL
Sucre granulé	1 tasse	250 mL
Oeufs	2	2
Citrouille en conserve (non épicée)	1 tasse	250 mL
Farine tout usage	2 tasses	500 mL
Poudre à pâte	$1^1/_2$ c. à thé	7 mL
Bicarbonate de soude	$^1/_2$ c. à thé	2 mL
Sel	$^1/_2$ c. à thé	2 mL
Cannelle	$^1/_2$ c. à thé	2 mL
Noix muscade	$^1/_2$ c. à thé	2 mL
Gingembre	$^1/_2$ c. à thé	2 mL
Brisures de chocolat mi-sucré	1 tasse	250 mL
Noix hachées	$^1/_2$ tasse	125 mL

Battre en crème le beurre et le sucre dans un bol. Incorporer les oeufs un à un et battre après chaque addition pour obtenir un mélange lisse. Incorporer la citrouille.

Mettre dans un autre bol les 9 ingrédients restants. Tourner pour mélanger et verser ensuite dans le premier bol. Mélanger seulement pour humecter. Mettre à la cuillère dans un moule à pain graissé de 9×5×3 pouces (23×12×7 cm). Cuire au four à 350°F (180°C) pendant 1 heure jusqu'à ce que le pain soit cuit. Refroidir 10 minutes. Démouler et refroidir sur une grille. Envelopper. Donne 1 pain.

PAIN FRUITS ET NOIX

Un pain avec des fruits légèrement coloré. Très beau lorsqu'il est coupé.

Beurre ou margarine ramolli(e)	½ tasse	125 mL
Sucre granulé	1 tasse	250 mL
Oeufs	2	2
Lait	1 tasse	250 mL
Essence de vanille	1 c. à thé	5 mL
Essence d'amande	½ c. à thé	2 mL
Farine tout usage	2⅛ tasses	525 mL
Poudre à pâte	2 c. à thé	10 mL
Sel	½ c. à thé	2 mL
Fruits confits	¾ tasse	175 mL
Raisins secs ou raisins de Corinthe	¾ tasse	175 mL
Amandes hachées	½ tasse	125 mL

Battre en crème le beurre et le sucre. Incorporer les oeufs un à la fois en battant après chaque addition pour obtenir un mélange lisse. Incorporer le lait, la vanille et l'essence d'amande.

Mettre dans un grand bol la farine, la poudre à pâte et le sel. Incorporer les fruits confits, les raisins et les noix. Ajouter d'un seul coup au premier bol. Tourner seulement pour humecter. Mettre dans un moule à pain graissé de 9×5×3 pouces (23×12×7 cm). Cuire pendant 1 heure au four à 350°F (180°C) jusqu'à ce que le pain soit cuit. Laisser reposer 10 minutes. Démouler. Refroidir et envelopper. Donne 1 pain.

PAIN AU CITRON

La saveur préférée de la plupart des gens. Le glaçage rend le pain particulier.

Beurre ou margarine ramolli(e)	½ tasse	125 mL
Sucre granulé	1 tasse	250 mL
Oeufs	2	2
Lait	½ tasse	125 mL
Farine tout usage	1½ tasse	375 mL
Poudre à pâte	1 c. à thé	5 mL
Sel	½ c. à thé	2 mL
Écorce de citron râpée	1	1

Battre dans un grand bol le beurre, le sucre et 1 oeuf. Incorporer le second oeuf et battre. Incorporer le lait.

(continuer à la prochaine page)

Mélanger dans un autre bol la farine, la poudre à pâte, le sel et l'écorce de citron. Verser sur la pâte. Tourner seulement pour humecter. Mettre à la cuillère dans un moule à pain graissé de 9×5×3 pouces (23×12×7 cm). Cuire au four à 350°F (180°C) pendant 1 heure jusqu'à ce que le pain soit cuit. Retirer du four et glacer. Laisser refroidir dans le moule pendant 10 minutes. Démouler. Refroidir et envelopper. Donne 1 pain.

GLAÇAGE

Jus de citron	1	1
Sucre granulé	1/4 tasse	50 mL

Mettre le jus de citron et le sucre dans une petite casserole. Réchauffer et tourner pour dissoudre le sucre. Mettre à la cuillère de manière égale sur le pain chaud.

PAIN DE LUXE

Essayez ce pain si vous cherchez quelque chose de différent ayant une texture lisse.

Beurre ou margarine ramolli(e)	1 tasse	225 mL
Sucre granulé	1 tasse	225 mL
Oeufs	5	5
Vanille	1 c. à thé	5 mL
Écorce d'orange râpée	1	1
Jus d'orange préparé	1/4 tasse	50 mL
Farine tout usage	2 tasses	450 mL
Poudre à pâte	1 c. à thé	5 mL
Sel	1/2 c. à thé	2 mL
Noix muscade	1/4 c. à thé	1 mL
Carrés de chocolat mi-sucré râpés	4 x 1 once	4 x 28 g
Noix hachées	1/3 tasse	75 mL

Battre en crème le beurre et le sucre jusqu'à l'obtention d'un mélange gonflé. Ajouter les oeufs un à la fois en battant bien après chaque addition. Incorporer la vanille, l'écorce et le jus.

Mettre la farine, la poudre à pâte, le sel et la noix muscade dans un autre bol. Incorporer le chocolat râpé et les noix. Verser dans le premier bol. Tourner seulement pour humecter. Mettre à la cuillère dans un moule à pain graissé de 9×5×3 pouces (23×12×7 cm). Cuire au four à 325°F (170°C) pendant 1 heure et 15 minutes jusqu'à ce qu'un cure-dent inséré au centre ressorte propre. Laisser reposer 10 minutes. Démouler et refroidir sur une grille. Envelopper. Donne 1 pain.

Photo page de couverture.

PAIN À LA CONFITURE D'ORANGES

Bien que le fruit soit facultatif, il améliore l'apparence et la saveur.

Oeufs	2	2
Sucre granulé	³/₄ tasse	175 mL
Beurre ou margarine ramolli(e)	¹/₄ tasse	50 mL
Lait	³/₄ tasse	200 mL
Confiture d'oranges	¹/₂ tasse	125 mL
Vinaigre	2 c. à soupe	30 mL
Farine tout usage	2¹/₂ tasses	625 mL
Poudre à pâte	1 c. à thé	5 mL
Bicarbonate de soude	1 c. à thé	5 mL
Sel	1 c. à thé	5 mL
Écorce de ¹/₂ citron râpée		
Écorce de ¹/₂ orange râpée		
Assortiment de fruits confits (facultatif)	1 tasse	250 mL
Cassonade	2 c. à soupe	30 mL

Battre ensemble les oeufs, le sucre et le beurre. Incorporer le lait, la confiture et le vinaigre.

Mettre tous les ingrédients restants dans un autre bol. Bien mélanger pour répandre le fruit. Verser d'un seul coup dans la pâte. Tourner seulement pour humecter. Mettre dans un moule à pain graissé de 9×5×3 pouces (23×12×7 cm). Saupoudrer de cassonade le sommet du pain avant de cuire. Cuire au four à 350°F (180°C) pendant 1 heure jusqu'à ce que le pain soit cuit. Refroidir 10 minutes. Démouler et refroidir sur une grille. Envelopper pour conserver. Donne 1 pain.

PAIN DES FÊTES AUX FRUITS

Se tranche de manière très jolie. Donne un grand pain.

Oeufs	3	3
Sucre granulé	1 tasse	250 mL
Huile	$1/2$ tasse	125 mL
Lait	$1/2$ tasse	125 mL
Vanille	1 c. à thé	5 mL
Carotte râpée	1 tasse	250 mL
Farine tout usage	$2^1/2$ tasses	625 mL
Poudre à pâte	1 c. à thé	5 mL
Bicarbonate de soude	1 c. à thé	5 mL
Cannelle	$1/2$ c. à thé	2 mL
Sel	$1/2$ c. à thé	2 mL
Noix de coco râpée grossièrement ou de façon moyenne	1 tasse	250 mL
Cerises confites coupées	$1/2$ tasse	125 mL
Raisins secs	$1/2$ tasse	125 mL
Noix de Grenoble ou amandes hachées	$1/2$ tasse	125 mL

Battre les oeufs dans un grand bol pour les faire mousser. Ajouter le sucre et l'huile. Battre pour mélanger. Incorporer le lait, la vanille et les carottes.

Mettre les 9 ingrédients restants dans un bol séparé. Bien mélanger. Verser d'un seul coup sur la pâte. Tourner seulement pour humecter. Mettre dans un moule à pain graissé de 9×5×3 pouces (23×12×7 cm). Cuire au four à 350°F (180°C) pendant 1 heure jusqu'à ce que le pain soit cuit. Refroidir 10 minutes. Démouler. Refroidir et envelopper. Donne 1 pain.

Photo page 35.

PAIN MINCEMEAT

Excellent pour utiliser les restes de mincemeat.

Huile	1/4 tasse	60 mL
Sucre granulé	1/2 tasse	125 mL
Oeuf	1	1
Lait	1/2 tasse	125 mL
Mincemeat	1 tasse	250 mL
Farine tout usage	2 tasses	500 mL
Poudre à pâte	1 c. à soupe	15 mL
Sel	1/2 c. à thé	2 mL
Cannelle	1/2 c. à thé	2 mL
Noix de Grenoble hachées	1/2 tasse	125 mL

Battre ensemble l'huile, le sucre, l'oeuf et le lait. Incorporer le mincemeat.

Mettre les 5 ingrédients restants dans un autre bol. Bien mélanger. Verser d'un seul coup dans la pâte. Tourner seulement pour humecter. Mettre dans un moule à pain graissé de 9×5×3 pouces (23×12×7 cm). Cuire au centre d'un four à 350°F (180°C) de 60 à 70 minutes jusqu'à ce que le pain soit cuit. Laisser reposer 10 minutes. Démouler et refroidir sur une grille. Envelopper. Donne 1 pain.

PAIN MINCEMEAT ET CITROUILLE

Ce grand pain associe magnifiquement les deux saveurs.

Beurre ou margarine fondu(e)	1/2 tasse	125 mL
Sucre granulé	3/4 tasse	175 mL
Oeufs	2	2
Citrouille en conserve (non épicée)	1 tasse	250 mL
Mincemeat	1 tasse	250 mL
Farine tout usage	2 tasses	500 mL
Poudre à pâte	1 c. à thé	5 mL
Bicarbonate de soude	1 c. à thé	5 mL
Cannelle	1/2 c. à thé	2 mL
Noix muscade	1/2 c. à thé	2 mL
Gingembre	1/2 c. à thé	2 mL
Sel	1/2 c. à thé	2 mL

(continuer à la prochaine page)

Mettre dans un grand bol le beurre, le sucre et les oeufs. Battre pour obtenir un mélange lisse. Incorporer la citrouille et le mincemeat.

Mettre tous les ingrédients restants dans un autre bol. Tourner pour bien mélanger. Verser sur la pâte. Tourner seulement pour humecter. Verser dans un moule à pain graissé de 9×5×3 pouces (23×12×7 cm). Cuire au four à 350°F (180°C) pendant 1 heure ou jusqu'à ce que le pain soit cuit. Laisser reposer 10 minutes. Démouler. Refroidir et envelopper. Donne 1 pain.

Photo page de couverture.

PAIN AU BEURRE D'ARACHIDES

Pain richement coloré avec une saveur tout aussi égale.

Beurre ou margarine ramolli(e)	¹/₄ **tasse**	60 mL
Beurre d'arachides crémeux	³/₄ **tasse**	175 mL
Sucre granulé	1 tasse	250 mL
Oeufs	2	2
Lait	1 tasse	250 mL
Vanille	1 c. à thé	5 mL
Farine tout usage	2 tasses	500 mL
Poudre à pâte	1 c. à thé	5 mL
Bicarbonate de soude	¹/₂ c. à thé	2 mL
Sel	¹/₂ c. à thé	2 mL
Dattes hachées	1¹/₂ tasse	375 mL

Battre en crème le beurre, le beurre d'arachides et le sucre. Ajouter les oeufs un à la fois en battant après chaque addition pour obtenir un mélange lisse. Incorporer le lait et la vanille.

Mélanger dans un second bol les 5 ingrédients restants. Ajouter au premier bol en tournant seulement pour humecter. Verser dans un moule à pain graissé de 9×5×3 pouces (23×12×7 cm). Cuire au four à 350°F (180°C) pendant 1 heure ou jusqu'à ce que le pain soit cuit. Laisser reposer 10 minutes. Démouler et mettre sur une grille. Refroidir et envelopper. Servir avec la Crème Orange et Fromage, page 142. Donne 1 pain.

PAIN À L'ORANGE

Le pain à l'orange le plus facile à faire.

Beurre ou margarine ramolli(e)	1/2 tasse	125 mL
Sucre granulé	1 tasse	250 mL
Oeufs	2	2
Écorce d'orange râpée	1	1
Jus de l'orange et eau si nécessaire pour faire	1/2 tasse	125 mL
Farine tout usage	2 tasses	500 mL
Poudre à pâte	2 c. à thé	10 mL
Sel	1/2 c. à thé	2 mL
Noix de Grenoble hachées (facultatives)	1/2 tasse	125 mL

Battre dans un bol le beurre, le sucre et 1 oeuf. Incorporer le second oeuf et battre. Incorporer l'écorce et le jus.

Mettre dans un autre bol la farine, la poudre à pâte, le sel et les noix. Bien tourner et verser dans le premier bol. Tourner seulement pour humecter. Mettre dans un moule à pain graissé de 9×5×3 pouces (23×12×7 cm). Cuire au four à 350°F (180°C) pendant 1 heure. Vérifier avec un cure-dent si le pain est cuit. Verser le glaçage sur le pain. Laisser reposer 10 minutes avant de démouler et de faire refroidir sur une grille. Envelopper et conserver. Donne 1 pain.

GLAÇAGE

Jus d'orange	1	1
Sucre granulé	1/4 tasse	50 mL

Mettre le jus d'orange et le sucre dans une petite casserole. Réchauffer et tourner pour dissoudre le sucre. Mettre à la cuillère sur le pain chaud.

Photo page 35.

PAIN COURGETTES - NOIX DE COCO

Bon, épicé et beau à regarder.

Raisins de Corinthe ou raisins secs	¹/₂ tasse	125 mL
Eau	1 tasse	250 mL
Oeuf	1	1
Huile	¹/₂ tasse	125 mL
Sucre granulé	1 tasse	250 mL
Courgettes râpées	1 tasse	250 mL
Vanille	¹/₂ c. à thé	2 mL
Farine tout usage	1¹/₂ tasse	375 mL
Poudre à pâte	¹/₂ c. à thé	2 mL
Bicarbonate de soude	1 c. à thé	5 mL
Sel	¹/₂ c. à thé	2 mL
Cannelle	³/₄ c. à thé	4 mL
Noix muscade	¹/₂ c. à thé	2 mL
Noix de coco	¹/₂ tasse	125 mL
Noix de Grenoble hachées	¹/₂ tasse	125 mL

Faire bouillir les raisins de Corinthe dans l'eau pendant 2 minutes. Égoutter et mettre de côté.

Battre dans un bol l'oeuf, l'huile et le sucre. Incorporer les courgettes et la vanille.

Mettre les 8 ingrédients restants dans un autre bol. Ajouter les raisins de Corinthe. Bien mélanger. Verser d'un seul coup sur la pâte dans le premier bol. Tourner pour humecter. Mettre dans un moule à pain graissé de 9×5×3 pouces (23×12×7 cm). Cuire au four à 350°F (180°C) pendant 1 heure jusqu'à ce qu'un cure-dent inséré ressorte propre. Refroidir dans le moule pendant 10 minutes. Démouler et mettre sur une grille. Refroidir et envelopper. Ce pain se coupe mieux le lendemain. Donne 1 pain.

PAIN ORANGE ET CITROUILLE

Il faut essayer ce pain couvert de crème à l'orange ou de beurre. Ou bien il faut le garder au naturel. C'est un pain qui ne sèche pas.

Beurre ou margarine ramolli(e)	1/3 tasse	75 mL
Sucre granulé	1 1/3 tasse	325 mL
Oeufs	2	2
Citrouille en conserve (non épicée)	1 tasse	250 mL
Eau	1/3 tasse	75 mL
Orange moyenne	1	1
Farine tout usage	2 tasses	500 mL
Bicarbonate de soude	1 c. à thé	5 mL
Poudre à pâte	1/2 c. à thé	2 mL
Sel	3/4 c. à thé	4 mL
Cannelle	1/2 c. à thé	2 mL
Clous de girofle	1/2 c. à thé	2 mL
Noix hachées	1/2 tasse	125 mL
Raisins secs ou dattes hachées	1/2 tasse	125 mL

Bien battre ensemble en crème le beurre et le sucre. Ajouter les oeufs. Battre légèrement. Incorporer la citrouille et l'eau.

Couper l'orange et enlever les pépins. Mettre dans le robot culinaire ou un broyeur. Broyer complètement l'orange y comprise l'écorce. Incorporer à la pâte.

Mettre les 8 prochains ingrédients dans un bol et bien mélanger. Incorporer à la pâte. Mettre à la cuillère dans un moule à pain graissé de 9×5×3 pouces (23×12×7 cm). Cuire au four à 350°F (180°C) pendant 1 heure. Vérifier avec un cure-dent si le pain est cuit. Laisser reposer 10 minutes. Démouler. Refroidir et envelopper. Donne 1 pain.

PAIN AUX GRAINES DE PAVOT

Faites ce pain avec ou sans les cerises, avec ou sans le glaçage. Il est toujours bon.

Graines de pavot	$^1/_4$ **tasse**	50 mL
Lait	$^3/_4$ **tasse**	175 mL
Beurre ou margarine ramolli(e)	$^1/_2$ **tasse**	125 mL
Sucre granulé	$^3/_4$ **tasse**	175 mL
Oeufs	**2**	2
Jus de citron	**1 c. à thé**	5 mL
Farine tout usage	**2 tasses**	500 mL
Poudre à pâte	**2$^1/_2$ c. à thé**	12 mL
Sel	$^1/_2$ **c. à thé**	2 mL
Cerises à marasquin bien égouttées et coupées en moitiés	$^1/_2$ **tasse**	125 mL

Ajouter les graines de pavot au lait dans un petit bol. Laisser reposer 30 minutes.

Mettre le beurre, le sucre et 1 oeuf dans un grand bol. Bien battre. Ajouter le second oeuf et le jus de citron. Battre pour obtenir un mélange lisse. Incorporer le mélange avec les graines de pavot.

Mettre ensemble dans un petit bol la farine, la poudre à pâte, le sel et les cerises. Bien mélanger. Incorporer à la pâte seulement pour humecter. Verser dans un moule à pain graissé de 9×5×3 pouces (23×12×7 cm). Cuire au four à 350°F (180°C) pendant 1 heure. Verser le glaçage sur le pain. Rcfroidir 10 minutes avant de démouler et de finir de refroidir sur une grille. Pour une jolie garniture, couvrir avec le Glaçage à la Cassonade, voir p. 140. Envelopper. Donne 1 pain.

Photo page 35.

PAIN CITRON ET RAISINS SECS

Un pain grand, jamais sec et vraiment bon! À essayer absolument.

Eau bouillante	1 tasse	250 mL
Raisins secs	1¹/₂ tasse	375 mL
Bicarbonate de soude	1 c. à thé	5 mL
Beurre ou margarine ramolli(e)	¹/₂ tasse	125 mL
Cassonade tassée	1¹/₂ tasse	300 mL
Oeuf	1	1
Écorce de citron râpée	1	1
Jus de citron	1	1
Farine tout usage	2¹/₂ tasses	625 mL
Poudre à pâte	1 c. à thé	5 mL
Sel	¹/₂ c. à thé	2 mL
Noix hachées (de Grenoble ou autres)	¹/₂ tasse	125 mL

Verser l'eau sur les raisins secs et le bicarbonate de soude dans une casserole. Amener à ébullition. Retirer du feu. Refroidir. Ne pas égoutter.

Bien battre ensemble le beurre, la cassonade et l'oeuf. Incorporer l'écorce de citron, le jus et le mélange refroidi ayant les raisins secs.

Mélanger dans un autre bol la farine, la poudre à pâte, le sel et les noix hachées. Ajouter d'un seul coup à la pâte, en tournant pour mélanger. Verser dans un moule à pain graissé de 9×5×3 pouces (23×12×7 cm). Cuire pendant environ 1 heure au four à 350°F (180°C). Vérifier avec un cure-dent si le pain est cuit. Laisser reposer 10 minutes avant de démouler pour faire ensuite refroidir sur une grille. Envelopper. Ce pain se coupe mieux le lendemain. Donne 1 pain.

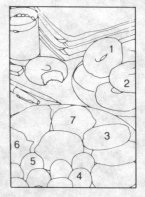

PAIN À LA CITROUILLE POUR LE THÉ

Un grand pain avec de l'orange.

Beurre ou margarine ramolli(e)	$1/2$ tasse	125 mL
Sucre granulé	$1^1/2$ tasse	375 mL
Oeufs	2	2
Citrouille en conserve (non épicée)	1 tasse	250 mL
Écorce d'orange râpée	1 c. à soupe	15 mL
Jus d'orange	$1/4$ tasse	60 mL
Farine tout usage	$2^1/4$ tasses	550 mL
Poudre à pâte	$1/2$ c. à thé	2 mL
Bicarbonate de soude	2 c. à thé	10 mL
Sel	$1/2$ c. à thé	2 mL
Cannelle	$1/2$ c. à thé	2 mL
Clous de girofle	$1/2$ c. à thé	2 mL
Noix hachées	$1/2$ tasse	125 mL
Dattes hachées	$1/2$ tasse	125 mL

Battre en crème dans un bol le beurre, le sucre et un oeuf. Incorporer le second oeuf et battre pour obtenir un mélange lisse. Incorporer la citrouille, l'écorce et le jus.

Mettre dans un autre bol tous les ingrédients restants. Bien tourner. Verser d'un seul coup dans la pâte dans le bol précédent. Tourner seulement pour humecter. Verser dans un moule à pain graissé de 9×5×3 pouces (23×12×7 cm). Cuire au four à 350°F (180°C) pendant 1 heure ou jusqu'à ce qu'un cure-dent inséré ressorte propre. Refroidir dans le moule pendant 10 minutes. Démouler et mettre sur une grille. Refroidir et envelopper. Donne 1 pain.

PAIN À L'ANANAS

Un pain pas sec et savoureux. Essayez de le tartiner avec du fromage à la crème.

Oeufs	2	2
Beurre ou margarine fondu(e)	$1/2$ tasse	125 mL
Sucre granulé	1 tasse	250 mL
Ananas écrasé avec jus	1 tasse	250 mL
Vanille	1 c. à thé	5 mL
Farine tout usage	$2^{1}/_{2}$ tasses	625 mL
Poudre à pâte	1 c. à soupe	15 mL
Bicarbonate de soude	$1/2$ c. à thé	2 mL
Sel	$3/4$ c. à thé	4 mL
Noix de Grenoble ou pacanes hachées	$1/2$ tasse	125 mL

Battre légèrement les oeufs. Ajouter le beurre et le sucre. Battre pour obtenir un mélange lisse. Incorporer l'ananas et la vanille.

Mettre dans un bol séparé la farine, la poudre à pâte, le bicarbonate de soude, le sel et les noix. Bien mélanger et verser dans le mélange avec l'ananas. Tourner seulement pour humecter. Verser dans un moule à pain graissé de 9×5×3 pouces (23×12×7 cm). Cuire au four à 350°F (180°C) pendant 1 heure. Vérifier avec un cure-dent si le pain est cuit. Laisser reposer 10 minutes. Démouler. Refroidir et envelopper. Donne 1 pain.

PAIN À L'ANANAS ET AU FROMAGE: Omettre les noix. Ajouter 1 tasse (250 mL) de fromage cheddar fort râpé.

PAIN À L'ANANAS ET AUX RAISINS SECS OU DATTES: Ajouter 1 tasse (250 mL) de raisins secs ou de dattes hachées.

PAIN COURGETTES ET ANANAS

Ce bon pain est grand et tendre.

Oeufs	2	2
Huile	$1/2$ tasse	125 mL
Sucre granulé	1 tasse	250 mL
Courgettes non pelées râpées	1 tasse	250 mL
Ananas écrasé, égoutté	$1/2$ tasse	125 mL
Vanille	1 c. à thé	5 mL
Farine tout usage	2 tasses	500 mL
Bicarbonate de soude	1 c. à thé	5 mL
Poudre à pâte	$1/2$ c. à thé	2 mL
Sel	$1/2$ c. à thé	2 mL
Cannelle	$3/4$ c. à thé	4 mL
Noix muscade	$1/4$ c. à thé	1 mL
Noix hachées	$1/2$ tasse	125 mL

Battre les oeufs, l'huile et le sucre. Incorporer les courgettes, l'ananas et la vanille.

Mettre les 7 ingrédients restants dans un autre bol. Tourner pour bien mélanger. Verser d'un seul coup dans la pâte. Tourner seulement pour humecter. Verser dans un moule à pain graissé de 9×5×3 pouces (23×12×7 cm). Cuire au four à 350°F (180°C) pendant 1 heure jusqu'à ce que le pain soit cuit. Refroidir 10 minutes. Démouler et refroidir sur une grille. Envelopper. Couper de fines tranches et couvrir de beurre. Donne 1 pain.

Note: On peut ajouter 1 tasse (250 mL) de raisins secs pour varier la recette.

PAIN DATTES ET ORANGES

La saveur de l'orange relève la saveur des dattes.

Oeuf battu	1	1
Beurre ou margarine ramolli(e)	2 c. à soupe	30 mL
Sucre granulé	1 tasse	250 mL
Écorces des oranges râpées	2	2
Jus de 2 oranges et eau bouillante pour faire	1 tasse	250 mL
Vanille	1 c. à thé	5 mL
Farine tout usage	2 tasses	500 mL
Poudre à pâte	1 c. à thé	5 mL
Bicarbonate de soude	1 c. à thé	5 mL
Sel	$^3/_4$ c. à thé	4 mL
Noix de Grenoble ou du Brésil hachées	$^1/_2$ tasse	125 mL
Dattes hachées	1 tasse	250 mL

Battre légèrement l'oeuf. Ajouter le beurre et le sucre. Battre pour obtenir un mélange lisse. Ajouter les écorces et les jus. Incorporer la vanille.

Mettre dans un autre bol la farine, la poudre à pâte, le bicarbonate de soude et le sel. Incorporer les noix et les dattes. Verser sur la pâte. Tourner pour humecter. Mettre à la cuillère dans un moule à pain graissé de 9×5×3 pouces (23×12×7 cm). Cuire au four à 350°F (180°C) pendant 1 heure jusqu'à ce que le pain soit cuit. Refroidir 10 minutes. Démouler. Finir de refroidir et envelopper. Donne 1 pain.

PAIN AUX COURGETTES

Grand et tendre.

Oeufs	2	2
Huile	$^1/_2$ tasse	125 mL
Sucre granulé	1 tasse	250 mL
Courgettes râpées, non pelées	1 tasse	250 mL
Vanille	1 c. à thé	5 mL
Farine tout usage	2 tasses	500 mL
Poudre à pâte	1 c. à thé	5 mL
Bicarbonate de soude	1 c. à thé	5 mL
Sel	$^1/_2$ c. à thé	2 mL
Cannelle	1 c. à thé	5 mL

(continuer à la prochaine page)

Battre les oeufs pour les faire mousser. Incorporer l'huile et le sucre. Ajouter les courgettes. Incorporer la vanille.

Mettre dans un bol séparé les ingrédients restants. Bien tourner et verser dans le mélange avec les courgettes. Tourner seulement pour humecter. Verser dans un moule à pain graissé de 9×5×3 pouces (23×12×7 cm). Cuire au four de 50 à 60 minutes à 350°F (180°C) jusqu'à ce qu'un cure-dent inséré au centre ressorte propre. Laisser reposer 10 minutes. Démouler. Refroidir sur une grille. Envelopper. Donne 1 pain.

GROSSE CITROUILLE

Le fromage à la crème contribue à rendre ce pain excellent.

Fromage à la crème ramolli	4 onces	125 g
Beurre ou margarine ramolli(e)	$1/4$ tasse	50 mL
Sucre granulé	$1^1/4$ tasse	300 mL
Oeufs	2	2
Citrouille en conserve (non épicée)	1 tasse	250 mL
Farine tout usage	$1^3/4$ tasse	425 mL
Bicarbonate de soude	1 c. à thé	5 mL
Poudre à pâte	$1/4$ c. à thé	1 mL
Sel	$1/2$ c. à thé	2 mL
Cannelle	$1/2$ c. à thé	2 mL
Clous de girofle	$1/4$ c. à thé	1 mL
Noix de Grenoble hachées	$1/2$ tasse	125 mL

Mettre le fromage, le beurre et le sucre dans un bol. Bien battre en crème. Incorporer les oeufs un à la fois et battre pour mélanger. Incorporer la citrouille.

Mettre dans un autre bol les 7 ingrédients restants. Tourner pour bien mélanger. Verser d'un seul coup sur la pâte. Tourner seulement assez pour humecter. Mettre dans un moule à pain graissé de 9×5×3 pouces (23×12×7 cm). Cuire au four à 350°F (180°C) de 60 à 70 minutes jusqu'à ce qu'un cure-dent inséré ressorte propre. Refroidir 10 minutes. Démouler et mettre sur une grille pour finir de refroidir. Donne 1 pain.

PAIN FANTAISIE AUX RAISINS

Ce petit pain légèrement coloré vient de la Nouvelle - Zélande.

Beurre ou margarine ramolli(e)	1/4 tasse	50 mL
Sucre granulé	3/4 tasse	175 mL
Oeufs	2	2
Lait	1 tasse	250 mL
Vanille	1 c. à thé	5 mL
Farine tout usage	2 tasses	500 mL
Poudre à pâte	2 c. à thé	10 mL
Sel	1/2 c. à thé	2 mL
Raisins secs clairs	1/2 tasse	125 mL
Raisins secs foncés	1/2 tasse	125 mL

Mettre le beurre, le sucre et 1 oeuf dans un grand bol. Bien battre. Incorporer le second oeuf et battre. Incorporer le lait et la vanille.

Mettre dans un autre bol la farine, la poudre à pâte et le sel. Incorporer les raisins secs. Verser d'un seul coup dans la pâte. Tourner seulement pour humecter. Mettre à la cuillère dans un moule à pain graissé de 9x5x3 pouces (23x12x7 cm). Cuire au four à 350°F (180°C) pendant 1 heure ou jusqu'à ce que le pain soit cuit. Refroidir 10 minutes. Démouler. Refroidir sur une grille. Envelopper pour conserver. Mettre de côté un jour ou deux pour améliorer la saveur. Servir couvert de beurre. Donne 1 pain.

PAIN FRAISES ET BANANES

Une combinaison gagnante.

Oeufs	2	2
Huile	1/4 tasse	50 mL
Sucre granulé	1 tasse	250 mL
Fraises écrasées	1/2 tasse	125 mL
Bananes écrasées	1/2 tasse	125 mL
Farine tout usage	1 3/4 tasse	425 mL
Flocons d'avoine	1/2 tasse	125 mL
Poudre à pâte	2 c. à thé	10 mL
Bicarbonate de soude	1/2 c. à thé	3 mL
Sel	1/2 c. à thé	2 mL

(continuer à la prochaine page)

Battre dans un bol les oeufs pour les faire mousser. Incorporer l'huile, le sucre, les fraises et les bananes.

Mettre dans un bol séparé la farine, l'avoine, la poudre à pâte, le bicarbonate de soude et le sel. Tourner pour bien mélanger. Ajouter ensuite au premier bol. Tourner seulement pour humecter. Mettre dans un moule à pain graissé de 9×5×3 pouces (23×12×7 cm). Cuire au four à 350°F (180°C) pendant environ 1 heure jusqu'à ce qu'un cure-dent inséré au centre ressorte propre. Refroidir 10 minutes. Démouler et refroidir sur une grille. Bien envelopper et mettre de côté pendant une journée. Donne 1 pain.

PAIN AU CARAMEL

Le lait sucré condensé donne à ce pain favori une saveur particulière de caramel.

Lait sucré condensé	11 onces	300 mL
Eau	1 tasse	225 mL
Beurre ou margarine	1 tasse	250 mL
Raisins secs	1¼ tasse	275 mL
Raisins de Corinthe	½ tasse	125 mL
Dattes hachées	1 tasse	250 mL
Farine tout usage	2 tasses	450 mL
Bicarbonate de soude	1 c. à thé	5 mL
Sel	⅛ c. à thé	0,5 mL

Mettre le lait condensé et l'eau dans une grande casserole. Tourner. Chauffer à feu moyen jusqu'à ébullition. Faire mijoter 3 minutes. Tourner souvent pour empêcher de coller. Retirer du feu.

Incorporer les raisins secs, les raisins de Corinthe et les dattes. Laisser reposer jusqu'à ce que la préparation soit tiède.

Mélanger la farine, le bicarbonate de soude et le sel. Ajouter au mélange avec les fruits. Tourner. Mettre dans un moule à pain graissé de 9×5 pouces (22×10 cm). Cuire au four à 325°F (160°C) pendant environ 2 heures. Couvrir avec une feuille d'aluminium au milieu du temps de cuisson si le sommet du pain devient foncé. Laisser refroidir 5 minutes dans le moule. Démouler et refroidir sur une grille. Donne 1 pain.

PAIN DE L'ÉVÊQUE

Riche à regarder. Riche à goûter.

Oeuf	1	1
Sucre granulé	1/2 tasse	125 mL
Huile	1/4 tasse	50 mL
Vanille	1 c. à thé	5 mL
Lait sur (1 c. à soupe, 15 mL, de vinaigre plus du lait)	1 tasse	250 mL
Farine tout usage	2 tasses	500 mL
Bicarbonate de soude	1/2 c. à thé	2 mL
Sel	1/2 c. à thé	2 mL
Noix de Grenoble hachées	1/2 tasse	125 mL
Cerises confites hachées	1/2 tasse	125 mL
Raisins secs ou raisins de Corinthe	1/2 tasse	125 mL
Brisures de chocolat mi-sucré	1/2 tasse	125 mL

Dans un bol à mélanger, battre l'oeuf pour le faire mousser. Ajouter le sucre, l'huile et la vanille. Battre pour mélanger. Incorporer le lait sur.

Dans un autre bol, mettre la farine, le bicarbonate de soude et le sel. Tourner pour bien mélanger. Ajouter les noix de Grenoble, les cerises, les raisins secs et les brisures de chocolat. Bien mélanger. Ajouter d'un seul coup à la pâte liquide. Tourner seulement pour humecter. Mettre dans un moule à pain graissé de 9×5×3 pouces (23×12×7 cm). Cuire au four à 350°F (180°C) pendant une heure ou jusqu'à ce que ce soit prêt. Laisser reposer 10 minutes. Enlever du moule pour refroidir sur une grille. Envelopper pour conserver. Couper ''le lendemain''. Donne un pain.

Photo sur la couverture.

On peut goûter à la fois la saveur des oranges et la saveur des pruneaux.

Huile	3 c. à soupe	50 mL
Sucre granulé	²/₃ tasse	150 mL
Oeuf	1	1
Vanille	¹/₂ c. à thé	2 mL
Orange entière moyenne râpée	²/₃ tasse	150 mL
Jus d'orange préparé	¹/₂ tasse	125 mL
Pruneaux étuvés hachés sans les noyaux	1 tasse	250 mL
Farine tout usage	2 tasses	500 mL
Poudre à pâte	2¹/₂ c. à thé	12 mL
Bicarbonate de soude	¹/₂ c. à thé	2 mL
Sel	¹/₂ c. à thé	2 mL
Noix de Grenoble hachées	¹/₂ tasse	125 mL

Dans un grand bol, battre l'huile, le sucre et l'oeuf pour obtenir un mélange lisse. Incorporer la vanille. Râper l'écorce d'orange et l'orange (ou utiliser un robot culinaire). Vous devriez obtenir ²/₃ tasse (150 mL). Incorporer au mélange à l'oeuf. Incorporer le jus et les pruneaux.

Dans un second bol, mettre la farine, la poudre à pâte, le bicarbonate de soude, le sel et les noix. Bien tourner. Vider dans le premier bol. Tourner pour humecter. Mettre dans un moule à pain graissé de 9×5×3 pouces (23×12×7 cm). Cuire au four à 350°F (180°C) pendant une heure jusqu'à ce que ce soit prêt. Refroidir pendant 10 minutes. Enlever du moule pour refroidir sur une grille. Envelopper. Donne un pain.

Photo sur la couverture.

PETITS PAINS LÉGERS

Délicieux et remplis de levure avec aucune attente pour lever.

Levure granulée (1 c. à soupe, 15 mL)	¼ once	8 g
Eau chaude	¼ tasse	50 mL
Farine tout usage	5 tasses	1,25 L
Sucre granulé	3 c. à soupe	50 mL
Poudre à pâte	1 c. à soupe	15 mL
Bicarbonate de soude	1 c. à thé	5 mL
Sel	1 c. à thé	5 mL
Beurre ou margarine froid(e)	1 tasse	250 mL
Lait de beurre	2 tasses	500 mL

Mettre la levure dans l'eau chaude. Mettre de côté pendant 10 minutes pour dissoudre.

Mettre la farine, le sucre, la poudre à pâte, le bicarbonate de soude et le sel dans un grand bol. Incorporer le beurre pour obtenir une pâte qui s'émiette.

Incorporer la levure et le lait de beurre. Pétrir juste assez pour faire tenir la pâte ensemble.

Sur une surface couverte de farine, rouler pour obtenir un rouleau épais de ¾ pouce (2 cm). Couper avec le coupe-biscuits. Cuire sur une tôle à biscuits non graissée au four à 400°F (200°C) pendant 15 minutes. Donne 2 ½ douzaines de petits pains.

PETITS PAINS AUX BANANES

Cette saveur délicate accompagne bien une salade de fruits.

Farine tout usage	2 tasses	500 mL
Sucre granulé	1 c. à soupe	15 mL
Poudre à pâte	2 c. à thé	10 mL
Bicarbonate de soude	½ c. à thé	2 mL
Sel	¾ c. à thé	3 mL
Beurre ou margarine froid(e)	¼ tasse	50 mL
Lait froid	¾ tasse	200 mL
Banane écrasée (1 grande)	½ tasse	125 mL

(continuer à la prochaine page)

Dans un grand bol, mettre la farine, le sucre, la poudre à pâte, le bicarbonate de soude et le sel. Incorporer le beurre pour obtenir une pâte qui s'émiette. Faire un puits au centre.

Verser le lait et la banane dans le puits. Tourner pour humecter. Faire tomber par cuillerées sur une tôle à biscuits graissée. Cuire au four à 400°F (200°C) de 15 à 20 minutes. Servir chaud avec du beurre et de la confiture d'oranges ou du beurre d'arachides. Donne 15 petits pains.

Photo page 53.

PETITS PAINS DE LUXE AU FROMAGE

Ceux-ci sont aussi bons que ce qu'ils le paraissent.

Farine tout usage	**2 tasses**	**500 mL**
Poudre à pâte	**4 c. à thé**	**20 mL**
Sucre granulé	**2 c. à soupe**	**30 mL**
Sel	**$3/4$ c. à thé**	**4 mL**
Fromage cheddar fort râpé	**1 tasse**	**250 mL**
Huile	**$1/3$ tasse**	**75 mL**
Lait	**$3/4$ tasse**	**200 mL**

Mettre les 4 premiers ingrédients dans un bol. Ajouter le fromage râpé. Tourner.

Ajouter l'huile et le lait. Tourner pour former une boule de pâte molle. Ajouter plus de lait si nécessaire pour rendre la pâte molle. Mettre sur une planche légèrement couverte de farine et pétrir doucement de 8 à 10 fois. Rouler ou tapoter la pâte pour obtenir une épaisseur de $3/4$ à 1 pouce (2 à 2,5 cm). Couper avec un coupe-biscuits. Disposer sur une tôle à biscuits non graissée et les rapprocher pour des côtés mous ou les séparer d'un pouce (2,5 cm) pour des côtés croustillants. Mettre un peu de lait sur le dessus pour obtenir une jolie couleur brune. Cuire au four à 425°F (220°C) pendant 15 minutes jusqu'à ce qu'ils soient dorés. Servir seuls ou avec du beurre. Donne une douzaine de petits pains.

Note: On peut utiliser du fromage mi-fort mais on n'obtient pas autant de saveur.

PETITS PAINS AUX CANNEBERGES: Omettre le fromage. Ajouter une tasse (250 mL) de canneberges hachées fraîches ou gelées. Joli et savoureux.

PETITS PAINS AU SON

Bons avec une salade ou seulement du café ou du thé.

Farine tout usage	2 tasses	500 mL
Sucre granulé	1/4 tasse	50 mL
Poudre à pâte	4 c. à thé	20 mL
Sel	1/2 c. à thé	2 mL
Beurre ou margarine froid(e)	1/2 tasse	125 mL
Flocons de son	1/2 tasse	125 mL
Dattes hachées	1/2 tasse	125 mL
Oeuf battu	1	1
Lait froid	3/4 tasse	200 mL

Dans un grand bol, mettre la farine, le sucre, la poudre à pâte et le sel. Incorporer le beurre pour obtenir une pâte qui s'émiette. Incorporer les flocons de son et les dattes. Faire un puits au centre.

Battre l'oeuf dans un petit bol pour le faire mousser. Incorporer le lait. Verser dans le puits. Tourner légèrement pour former une pâte qui tombe facilement. Ajouter plus de lait si nécessaire. La pâte devrait être collante. Faire tomber par cuillerées à un pouce (2,5 cm) de distance sur une tôle à biscuits graissée. Cuire au four à 450°F (235°C) de 10 à 12 minutes. Servir chaud avec du beurre. Donne 16 petits pains.

Photo page 53.

BRIOCHES AU CARAMEL ÉCOSSAIS

Belles à voir et tout simplement délicieuses! Faciles à faire.

Beurre ou margarine ramolli(e)	1/3 tasse	75 mL
Cassonade tassée	3/4 tasse	175 mL
Noix hachées	1/3 tasse	75 mL
Farine tout usage	2 tasses	500 mL
Sucre granulé	2 c. à soupe	30 mL
Poudre à pâte	4 c. à thé	20 mL
Sel	1 c. à thé	5 mL
Beurre ou margarine froid(e)	1/4 tasse	50 mL
Lait	1 tasse	250 mL

(continuer à la prochaine page)

Battre en crème le beurre et la cassonade dans un petit bol. Les noix seront saupoudrées plus tard. Mettre de côté.

Dans un grand bol, mettre la farine, le sucre, la poudre à pâte et le sel. Incorporer le beurre pour obtenir une pâte qui s'émiette. Faire un puits au centre.

Verser le lait dans le puits. Tourner pour obtenir une pâte molle. Pétrir de 8 à 10 fois. Tapoter ou rouler sur une surface légèrement couverte de farine pour former un carré de 9 ou 10 pouces (23 à 25 cm). Couvrir avec le mélange à la cassonade. Saupoudrer de noix. Rouler comme pour faire un gâteau roulé. Pincer le bord pour sceller. Couper en 12 tranches. Disposer sur un plat graissé de 8×8 pouces (20×20 cm). Cuire au four à 425°F (220°C) de 15 à 20 minutes. Retourner sur le plat encore chauds. Donne 12 brioches.

Photo page 53.

PETITS PAINS AU FROMAGE COTTAGE

Servez avec des fruits, de la soupe ou de la salade.

Farine tout usage	2 tasses	450 mL
Poudre à pâte	4 c. à thé	20 mL
Sel	1 c. à thé	5 mL
Flocons de persil (facultatif)	1 c. à soupe	15 mL
Oeuf battu	1	1
Fromage cottage	1 tasse	250 mL
Huile	2 c. à soupe	30 mL
Lait	1/4 tasse	50 mL

Mettre dans un bol la farine, la poudre à pâte, le sel et le persil. Faire un puits au centre.

Battre l'oeuf dans un petit bol. Incorporer le fromage cottage en battant. Ajouter l'huile et le lait. Tourner et verser d'un seul coup dans le puits. Tourner pour former une pâte molle. Mettre sur une planche légèrement couverte de farine. Pétrir doucement de 8 à 10 fois. Tapoter ou rouler pour obtenir une épaisseur de 3/4 pouce (2 cm). Couper avec un coupe-biscuits couvert de farine. Disposer sur une tôle à biscuits non graissée. Brosser le dessus des petits pains avec du lait les aide à dorer. Cuire au four à 425°F (220°C) de 10 à 12 minutes. Donne une douzaine de petits pains.

PETITS PAINS CROUSTILLANTS

C'est la bonne recette lorsque vous n'avez le temps ni de rouler ni de couper.

Farine tout usage	3 tasses	700 mL
Sucre granulé	2 c. à soupe	30 mL
Poudre à pâte	5 c. à thé	25 mL
Sel	1 c. à thé	5 mL
Beurre ou margarine froid(e)	½ tasse	125 mL
Oeuf battu	1	1
Lait	1 tasse	225 mL

Mettre la farine, le sucre, la poudre à pâte et le sel dans un grand bol. Incorporer le beurre pour obtenir une pâte qui s'émiette. Faire un puits au centre.

Battre l'oeuf avec une cuillère dans un petit bol. Ajouter le lait. Verser dans le puits. Tourner légèrement pour mélanger. La pâte devrait être collante. Si elle ne l'est pas, incorporer une cuillerée à soupe de lait à la fois jusqu'à ce qu'elle le devienne. Laisser tomber par cuillerées à thé sur une tôle à biscuits non graissée. Cuire au four à 450°F (235°C) de 10 à 12 minutes ou jusqu'à l'obtention d'une couleur dorée. Il est mieux encore de disposer en cercle pour cuire et de casser un monticule pour manger. Servir chaud avec du beurre. Donne 15 à 20 petits pains.

ROULEAUX INSTANTANÉS À LA CANNELLE

Quelque chose d'aussi facile ne devrait pas être aussi bon. On sera porté à répéter cette recette.

Farine tout usage	2 tasses	500 mL
Sucre granulé	2 c. à soupe	30 mL
Poudre à pâte	4 c. à thé	20 mL
Sel	1 c. à thé	5 mL
Beurre ou margarine froid(e)	1/4 tasse	50 mL
Lait froid	1 tasse	250 mL
Beurre ou margarine ramolli(e)	1/3 tasse	75 mL
Cassonade tassée	1 tasse	250 mL
Cannelle	1 c. à soupe	15 mL
Raisins de Corinthe, ou raisins secs coupés	1/3 tasse	75 mL

Dans un grand bol, mettre la farine, le sucre, la poudre à pâte et le sel. Incorporer la première quantité de beurre afin d'obtenir une pâte qui s'émiette. Faire un puits au centre.

Verser le lait dans le puits. Tourner pour former une pâte molle en ajoutant un peu plus de lait si nécessaire. Mettre sur une surface légèrement couverte de farine. Pétrir de 8 à 10 fois. Rouler pour obtenir un rectangle épais d'environ 1/3 pouce (1 cm) et long d'environ 12 pouces (30 cm). La largeur variera.

Bien battre ensemble en crème la seconde quantité de beurre, la cassonade et la cannelle. Mettre dans 12 moules à muffins graissés en laissant tomber une cuillerée à thé (5 mL) dans chaque moule. Étaler le mélange à la cannelle restant sur le rectangle de pâte. Saupoudrer le dessus des raisins de Corinthe. Rouler comme pour faire un gâteau roulé. Marquer d'abord et couper ensuite en 12 tranches. Mettre le côté coupé vers le bas du moule à muffins. Cuire au four à 400°F (200°C) de 20 à 25 minutes. Retourner sur un plateau. Donne 12 rouleaux.

GLAÇAGE: Ajouter assez de lait ou d'eau à 1/2 tasse (125 mL) de sucre à glacer pour faire un glaçage assez liquide. Répandre sur les rouleaux à la cannelle.

Photo page 53.

SCONES AUX POMMES

Arôme splendide. Goût splendide. Parfait pour le moment du thé.

Farine tout usage	2 tasses	450 mL
Sucre granulé	$1/4$ tasse	50 mL
Poudre à pâte	2 c. à thé	10 mL
Bicarbonate de soude	$1/2$ c. à thé	2 mL
Sel	$1/2$ c. à thé	2 mL
Beurre ou margarine froid(e)	$1/4$ tasse	50 mL
Grande pomme pelée et râpée	1	1
Lait	$1/2$ tasse	125 mL

Lait pour brosser le dessus
Sucre pour saupoudrer
Cannelle pour saupoudrer

Mettre la farine, le sucre, la poudre à pâte, le bicarbonate de soude et le sel dans un grand bol. Incorporer le beurre pour obtenir une pâte qui s'émiette.

Ajouter la pomme et le lait. Tourner pour former une pâte molle. Mettre sur une surface légèrement couverte de farine. Pétrir doucement de 8 à 10 fois. Former en tapotant deux cercles de 6 pouces (15 cm). Disposer sur une tôle à biscuits graissée. Brosser le dessus avec du lait. Saupoudrer de sucre puis de cannelle. Marquer chaque sommet pour obtenir 6 morceaux en forme de parts de tarte. Cuire au four à 425°F (220°C) pendant 15 minutes jusqu'à ce que la pâte soit levée et dorée. Servir chaud avec du beurre. Donne 12 scones.

SCONES RAISINS DE CORINTHE - POMMES: Ajouter $1/2$ tasse (125 mL) de raisins de Corinthe à la pâte.

Photo page 89.

1. Scones au Son page 102
2. Scones Écossais à l'Avoine page 92
3. Scones aux Pommes page 88
4. Scones au Gingembre page 98

De riches petites choses qui fondent dans la bouche.

Farine tout usage	2 tasses	450 mL
Beurre ou margarine	1 tasse	250 mL
Jaune d'oeuf	1	1
Crème sure	$^3/_4$ tasse	175 mL
Sucre granulé	$^1/_4$ tasse	50 mL
Cannelle	1 c. à thé	5 mL

Mettre la farine dans un grand bol. Incorporer le beurre pour obtenir une pâte qui s'émiette.

Dans un autre bol, battre le jaune d'oeuf et la crème sure à la cuillère. Ajouter au mélange à la farine. Bien mélanger. Refroidir couvert au réfrigérateur pendant au moins 4 heures. Si vous faites cela le soir, garder au froid pendant la nuit.

Mélanger le sucre et la cannelle et utiliser à la place de la farine pour rouler la pâte. En saupoudrer la surface de travail. Rouler environ d'$^1/_4$ à $^1/_3$ de la pâte en un cercle ayant un diamètre d'environ 10 pouces (25 cm). Saupoudrer du mélange au sucre et à la cannelle les deux côtés tel que nécessaire, en considérant le goût et l'aisance pour rouler. Couper en 16 morceaux ayant la forme de parts de tartes. En commençant à l'extérieur de chaque morceau, rouler vers le centre. Disposer sur une tôle à biscuits non graissée de manière rapprochée mais sans les faire toucher. Cuire au four à 375°F (190°C) de 25 à 30 minutes jusqu'à l'obtention d'une couleur dorée. Donne 4 douzaines.

Photo page 53.

SCONES ÉCOSSAIS À L'AVOINE

À grignoter ou à prendre pour le lunch. Ils ne dureront pas longtemps.

Farine tout usage	1¹/₂ tasse	350 mL
Flocons d'avoine	2 tasses	450 mL
Sucre granulé	¹/₄ tasse	50 mL
Poudre à pâte	4 c. à thé	20 mL
Sel	¹/₂ c. à thé	2 mL
Raisins de Corinthe	¹/₂ tasse	125 mL
Oeuf battu	1	1
Beurre ou margarine fondu(e)	¹/₂ tasse	125 mL
Lait	¹/₃ tasse	75 mL

Mélanger les 6 premiers ingrédients secs dans un grand bol. Faire un puits au centre.

Dans un autre bol, battre l'oeuf pour le faire mousser. Incorporer le beurre fondu et le lait. Verser dans le puits. Tourner pour obtenir une pâte molle. Tapoter pour former deux cercles de 6 à 7 pouces (15 à 18 cm). Transférer sur une tôle à biscuits graissée. Marquer chaque sommet pour obtenir 8 morceaux en forme de parts de tartes. Cuire au four à 425°F (220°C) pendant 15 minutes jusqu'à ce que la pâte soit levée et dorée. Diviser et couvrir de beurre. Donne 16 scones.

Photo page 89.

BRIOCHES À LA CONFITURE

Ces petites brioches effrontées disparaissent en un éclair.

Farine tout usage	**2 tasses**	**450 mL**
Sucre granulé	**2 c. à soupe**	**30 mL**
Poudre à pâte	**1 c. à soupe**	**15 mL**
Sel	**$\frac{1}{2}$ c. à thé**	**2 mL**
Beurre ou margarine froid(e)	**$\frac{1}{2}$ tasse**	**125 mL**
Oeuf battu	**1**	**1**
Lait froid	**$\frac{1}{2}$ tasse**	**125 mL**

Confiture de framboises

Dans un grand bol, mettre la farine, le sucre, la poudre à pâte et le sel. Incorporer le beurre pour obtenir une pâte qui s'émiette. Faire un puits au centre.

Dans un autre bol, battre l'oeuf jusqu'à ce qu'il soit léger et mousseux. Incorporer le lait. Verser d'un seul coup dans le puits. Tourner légèrement pour former une pâte molle. Ajouter plus de lait si nécessaire. Sur une surface couverte de farine, pétrir la pâte de 8 à 10 fois. Donner une épaisseur de $\frac{3}{4}$ pouce (2 cm) en tapotant ou en roulant. En utilisant un coupe-biscuits rond, pousser tout droit vers le bas pour couper. Disposer de manière bien séparée sur une tôle à biscuits graissée. Faire un creux profond sur le dessus au centre de chaque brioche. Mettre une petite cuillerée de confiture dans chaque creux. Cuire au four à 450°F (230°C) de 12 à 15 minutes. Servir chaud. Donne de 14 à 16 brioches.

Photo page 53.

RICHES PETITS PAINS POUR LE THÉ

Toujours un favori de dernière minute. Si rapide à faire. Si désiré, on peut diminuer de moitié le contenu en gras. Assurez-vous de tous les essayer.

Farine tout usage	2 tasses	450 mL
Sucre granulé	2 c. à soupe	30 mL
Sel	1 c. à thé	5 mL
Poudre à pâte	4 c. à thé	20 mL
Crème de tartre	1/2 c. à thé	2 mL
Beurre ou margarine froid(e)	1/2 tasse	125 mL
Lait froid	3/4 tasse	175 mL

Mettre les 5 premiers ingrédients dans un bol. Tourner soigneusement.

Incorporer le beurre pour obtenir une pâte qui s'émiette.

Verser le lait. Tourner rapidement pour mélanger. La pâte devrait être molle. Mettre sur une surface légèrement couverte de farine. Pétrir doucement de 8 à 10 fois. Rouler ou tapoter pour obtenir une épaisseur de 1/2 à 3/4 pouce (2 cm) ou de la moitié d'épaisseur que vous désirez obtenir comme résultat final. Couper avec un petit coupe-biscuits rond. Disposer sur une tôle à biscuits graissée de manière rapprochée pour des côtés mous ou séparée pour des côtés croustillants. Cuire au four à 450°F (230°C) de 12 à 15 minutes. Si vous brossez les petits pains avec du lait avant la cuisson, vous obtiendrez une jolie couleur dorée. Donne 10 petits pains.

Photo sur la couverture.

GARNITURE AUX PETITS PAINS: Disposer les petits pains de manière rapprochée sur un plat profond chaud. Cuire au four à 425°F (220°C) de 20 à 25 minutes. Si le plat ne les contient pas tous, cuire sur des plats séparés.

PETITS PAINS AU LAIT DE BEURRE: Réduire la poudre à pâte à 2 c. à thé (10 mL), ajouter 1/2 c. à thé (2 mL) de bicarbonate de soude. Remplacer le lait par du lait de beurre.

ROULEAUX À LA NOIX DE COCO: Étaler sur le rectangle roulé de pâte un mélange de 1/3 tasse (75 mL) de cassonade et 1/3 tasse (75 mL) de noix de coco. Rouler et couper en 12 tranches. Cuire de la même manière que les Riches Petits Pains pour le Thé.

(continuer à la prochaine page)

PETITS PAINS GRAHAM: Utiliser ¹/₂ tasse (125 mL) de beurre. Réduire la farine à 1 ¹/₂ tasse (375 mL). Ajouter 1 tasse (250 mL) de chapelure de biscuits graham. Une saveur distinctive.

PETITS PAINS À L'ORANGE: Ajouter 1 c. à soupe (15 mL) d'écorce d'orange râpée. Remplacer une moitié de lait par une moitié de jus d'orange. Tremper des cubes de sucre dans du jus d'orange et presser sur chaque petit pain avant de cuire.

PETITS PAINS AU BEURRE D'ARACHIDES: Réduire le beurre à ¹/₄ tasse (50 mL). Ajouter ¹/₄ tasse (50 mL) de beurre d'arachides.

CROÛTE DE PIZZA: Faire la pâte comme ci-dessus. Presser ou rouler selon les dimensions d'une tôle à pizza. Continuer en faisant votre pizza favorite.

PETITS PAINS AUX TOMATES: Omettre le lait. Ajouter ³/₄ tasse (175 mL) de jus de tomates. Ajouter ¹/₂ tasse (125 mL) de fromage râpé (facultatif).

PETITS PAINS AU BLÉ ENTIER

Un petit pain tendre et délicieux.

Farine tout usage	1 tasse	225 mL
Farine de blé entier	1 tasse	225 mL
Poudre à pâte	4 c. à thé	20 mL
Sucre granulé	1 c. à soupe	15 mL
Sel	³/₄ c. à thé	4 mL
Beurre ou margarine froid(e)	4 c. à soupe	50 mL
Lait	³/₄ tasse	175 mL

Mettre dans un bol les farines, la poudre à pâte, le sucre et le sel.

Incorporer le beurre aux ingrédients secs pour obtenir un mélange qui s'émiette.

Ajouter le lait. Tourner avec la fourchette jusqu'à ce qu'une pâte molle soit formée. Mettre sur une surface légèrement couverte de farine. Pétrir doucement de 8 à 10 fois. Rouler ou tapoter la pâte pour obtenir une épaisseur de ³/₄ pouce (2 cm). Couper avec un coupe-biscuits rond de 2 pouces (5 cm) de diamètre. (Si vous coupez en carrés ou en triangles, il n'est pas nécessaire de rouler à nouveau car il ne reste aucun morceau de pâte.) Disposer sur une tôle à biscuits non graissée de manière rapprochée pour obtenir des côtés mous et, si vous désirez des côtés croustillants, laisser 1 pouce (2,5 cm) entre les petits pains. Cuire au four à 450°F (230°C) de 12 à 15 minutes jusqu'à l'obtention d'une belle couleur dorée. Servir avec du beurre. Donne 10 à 12 petits pains.

Photo page 53.

PETITS PAINS SAVOUREUX AUX SAUCISSES

Servez ce "repas en un seul petit pain" avec de la soupe. Excellent.

Chair à saucisses	1/2 livre	250 g
Farine tout usage	2 tasses	450 mL
Poudre à pâte	2 c. à thé	10 mL
Bicarbonate de soude	1/2 c. à thé	3 mL
Sel	1 c. à thé	5 mL
Beurre ou margarine	1/4 tasse	50 mL
Lait de beurre	3/4 tasse	175 mL

Faire rissoler la chair à saucisses. Très bien égoutter. Émietter. Mettre de côté.

Mettre la farine, la poudre à pâte, le bicarbonate de soude et le sel dans un grand bol. Incorporer le beurre pour obtenir une pâte qui s'émiette. Incorporer la chair à saucisses. Faire un puits au centre.

Verser le lait de beurre dans le puits. Tourner rapidement pour former une pâte molle. Mettre sur une surface couverte de farine. Pétrir de 8 à 10 fois. Tapoter ou rouler pour obtenir une épaisseur de 3/4 pouce (2 cm). Couper en cercles, en carrés ou en triangles. Disposer sur une tôle à biscuits non graissée. Cuire au four à 450°F (235°C) de 12 à 15 minutes jusqu'à l'obtention d'une couleur dorée. Donne 12 à 15 petits pains.

Photo page 125.

PETITS PAINS À LA MAYONNAISE

Si peu d'ingrédients. Si faciles.

Farine tout usage	2 tasses	450 mL
Poudre à pâte	4 c. à thé	20 mL
Sel	3/4 c. à thé	4 mL
Mayonnaise	1/4 tasse	60 mL
Lait	3/4 tasse	175 mL

Mélanger la farine, la poudre à pâte et le sel dans un bol. Faire un puits au centre.

Verser la mayonnaise et le lait dans le puits. Tourner pour humecter jusqu'à la formation d'une pâte molle. Tapoter ou rouler sur une surface légèrement couverte de farine. Couper en cercles. Disposer sur une tôle à biscuits non graissée. Cuire au four à 425°F (220°C) pendant 12 minutes ou jusqu'à l'obtention d'une couleur dorée. Donne 12 petits pains.

Photo page 53.

SCONES AUX RAISINS DE CORINTHE

Juste bien pour une réception le matin avec du café.

Farine tout usage	2 tasses	450 mL
Sucre granulé	$1/4$ tasse	50 mL
Poudre à pâte	4 c. à thé	20 mL
Sel	$1/2$ c. à thé	2 mL
Beurre ou margarine froid(e)	$1/4$ tasse	50 mL
Raisins de Corinthe	$1/2$ tasse	125 mL
Oeuf	1	1
Lait	$2/3$ tasse	150 mL

Lait pour brosser le dessus
Sucre granulé pour saupoudrer

Dans un grand bol, mettre la farine, le sucre, la poudre à pâte et le sel. Incorporer le beurre pour obtenir une pâte qui s'émiette. Incorporer les raisins de Corinthe. Faire un puits au centre.

Battre l'oeuf dans un petit bol jusqu'à ce qu'il mousse. Incorporer le lait. Verser dans le puits. Tourner avec une fourchette pour former une pâte molle. Mettre sur une surface légèrement couverte de farine. Pétrir de 8 à 10 fois. Partager en deux parties égales. Tapoter chacune pour former un cercle de 6 pouces (15 cm). Transférer sur une tôle à biscuits graissée. Brosser le dessus des scones avec du lait et saupoudrer de sucre. Marquer chaque sommet pour former 6 morceaux en forme de parts de tarte. Cuire au four à 425°F (220°C) pendant 15 minutes jusqu'à ce que la pâte soit levée et légèrement dorée. Servir chaud avec du beurre et de la confiture. Donne 12 scones.

SCONES AUX CÉRÉALES DE SON: Utiliser seulement 1 $1/3$ tasse (325 mL) de farine tout usage et ajouter 1 tasse (250 mL) de céréales de flocons de son.

SCONES AU FROMAGE: Ajouter 1 tasse (250 mL) de fromage râpé.

SCONES AUX FRUITS: Omettre les raisins de Corinthe. Ajouter 1 tasse (250 mL) de fruits confits.

SCONES À L'ORANGE: Ajouter 1 c. à soupe (15 mL) d'écorce d'orange râpée.

SCONES AU YOGOURT: Omettre le lait. Ajouter $3/4$ tasse (175 mL) de yogourt.

SCONES AU BLÉ ENTIER: Remplacer une moitié de la farine tout usage par de la farine de blé entier.

SCONES AU GINGEMBRE

Très savoureux et foncés. Ils sortent de l'ordinaire.

Farine tout usage	2 tasses	450 mL
Sucre granulé	1 c. à soupe	15 mL
Poudre à pâte	2 c. à thé	10 mL
Bicarbonate de soude	1/2 c. à thé	2 mL
Sel	3/4 c. à thé	4 mL
Cannelle	1/2 c. à thé	2 mL
Gingembre	1/2 c. à thé	2 mL
Beurre ou margarine froid(e)	1/4 tasse	50 mL
Oeuf	1	1
Mélasse	1/4 tasse	50 mL
Lait de beurre ou lait sur	1/2 tasse	125 mL

Lait pour brosser le dessus
Sucre granulé pour saupoudrer

Mettre les 7 premiers ingrédients secs dans un grand bol. Incorporer le beurre jusqu'à l'obtention d'une pâte qui s'émiette. Faire un puits au centre.

Dans un petit bol, battre l'oeuf jusqu'à ce qu'il mousse. Incorporer la mélasse et le lait de beurre. Verser dans le puits. Tourner avec la fourchette pour obtenir une pâte molle. Mettre sur une surface légèrement couverte de farine. Pétrir légèrement de 8 à 10 fois. Partager en deux moitiés. Tapoter chaque moitié pour obtenir un cercle de 6 pouces (15 cm). Disposer sur une tôle à biscuits graissée. Brosser les sommets des scones avec du lait. Saupoudrer de sucre. Marquer chaque sommet pour obtenir 6 morceaux en forme de parts de tarte. Cuire au four à 425°F (220°C) jusqu'à ce que la pâte soit levée et dorée. Servir chaud avec beaucoup de beurre. Donne 12 scones.

Photo page 89.

Note: Vous pouvez ajouter des raisins secs ou des raisins de Corinthe.

Note: Pour obtenir du lait sur, ajouter 2 c. à thé (10 mL) de vinaigre à du lait pour faire 1/2 tasse (125 mL).

SCONES AU LAIT DE BEURRE: Omettre la cannelle, le gingembre et la mélasse. Ajouter 2/3 tasse (150 mL) de lait de beurre.

SCONES À LA CRÈME SURE: Omettre la cannelle, le gingembre et la mélasse. Ajouter 3/4 tasse (175 mL) de crème sure au lieu du lait de beurre.

Si faciles à faire que vous les préparez en un éclair.

Farine tout usage	2 tasses	450 mL
Sucre granulé	$1/2$ tasse	125 mL
Poudre à pâte	1 c. à soupe	15 mL
Sel	$1/2$ c. à thé	2 mL
Beurre ou margarine froid(e)	$1/2$ tasse	125 mL
Oeuf	1	1
Lait	$2/3$ tasse	150 mL

Lait pour brosser le dessus
Sucre granulé pour saupoudrer

Mélanger la farine, le sucre, la poudre à pâte et le sel dans un grand bol. Incorporer le beurre pour obtenir une pâte qui s'émiette.

Battre l'oeuf légèrement dans un petit bol. Ajouter le lait. Verser sur les ingrédients secs. Tourner avec la fourchette pour faire une pâte molle. Tapoter pour former deux cercles de 6 pouces (15 cm). Disposer sur une tôle à biscuits graissée. Brosser les sommets avec du lait. Saupoudrer de sucre. Marquer chaque sommet pour obtenir 6 morceaux en forme de parts de tarte. Cuire au four à 425°F (220°C) pendant 15 minutes jusqu'à ce que la pâte soit levée et dorée. Couper et beurrer. Donne 12 scones.

BRIOCHES CHELSEA

Préparer d'abord les moules à muffins. Bien graisser le fond de 12 moules avec du beurre ou de la margarine. Saupoudrer de cassonade pour former une couche assez épaisse. Saupoudrer chaque moule de quelques raisins de Corinthe et de noix hachées.

Faire une riche pâte à scones tel qu'indiqué ci-dessus. Rouler pour obtenir un carré de 9×9 pouces (23×23 cm). Couvrir avec le mélange suivant.

Beurre ou margarine ramolli(e)	$1/3$ tasse	75 mL
Cassonade tassée	$1/3$ tasse	75 mL
Raisins secs	$1/2$ tasse	125 mL
Noix hachées	$1/2$ tasse	125 mL

Mélanger le beurre, le sucre, les raisins secs et les noix. Étaler sur le carré. Rouler comme pour faire un gâteau roulé. Trancher en 12 cercles. En mettre un dans chaque moule. Cuire au four à 450°F (230°C) de 12 à 15 minutes. Glacer, après refroidissement, avec $1/2$ tasse (125 mL) de sucre à glacer mélangé avec assez d'eau pour faire un glaçage liquide.

BRIOCHES POUR LE THÉ

Riches et pleines de raisins secs. Un jeu d'enfant pour les réaliser.

Farine tout usage	2 tasses	450 mL
Sucre granulé	$1/3$ tasse	75 mL
Poudre à pâte	4 c. à thé	20 mL
Sel	$3/4$ c. à thé	4 mL
Beurre ou margarine froid(e)	$1/2$ tasse	125 mL
Raisins secs	1 tasse	250 mL
Oeuf	1	1
Lait	$3/4$ tasse	175 mL

Mettre la farine, le sucre, la poudre à pâte et le sel dans un grand bol. Incorporer le beurre pour obtenir une pâte qui s'émiette. Incorporer les raisins secs. Faire un puits au centre.

Dans un autre bol, battre l'oeuf légèrement avec une cuillère. Incorporer le lait. Verser dans le puits. Tourner pour obtenir une pâte molle. Sur une surface légèrement couverte de farine, tapoter ou rouler pour obtenir une épaisseur de $3/4$ pouce (2 cm). Couper avec un coupe-biscuits. Disposer sur une tôle à biscuits non graissée. Cuire au four à 400°F (200°C) pendant 20 minutes ou jusqu'à l'obtention d'une couleur dorée. Servir avec du beurre. Donne 12 à 16 brioches.

Photo page 53.

Fait bon usage de la crème qui vous reste sous la main.

Farine tout usage	**4 tasses**	**1 L**
Sucre granulé	**¹/₂ tasse**	**125 mL**
Poudre à pâte	**8 c. à thé**	**40 mL**
Sel	**1 c. à thé**	**5 mL**
Oeufs battus	**2**	**2**
Crème lourde	**1 tasse**	**250 mL**
Lait	**1 tasse**	**250 mL**

Lait pour brosser le dessus
Sucre granulé pour saupoudrer

Mélanger la farine, le sucre, la poudre à pâte et le sel. Tourner.

Dans un autre bol, battre les oeufs jusqu'à ce qu'ils moussent. Ajouter au mélange à la farine avec la crème et le lait. Tourner jusqu'à ce qu'une boule de pâte molle soit formée. Mettre sur une surface légèrement couverte de farine. Pétrir de 8 à 10 fois. Tapoter ou rouler pour obtenir une épaisseur d'1 pouce (2,5 cm). Couper avec un coupe-biscuits rond. Disposer sur une tôle à biscuits non graissée de manière rapprochée pour avoir des côtés mous mais séparer d'un pouce (2,5 cm) pour avoir des côtés croustillants. Brosser les sommets avec du lait et saupoudrer ensuite de sucre. Cuire au four à 425°F (220°C) pendant 15 minutes jusqu'à ce que la pâte soit levée et dorée. Donne 2 douzaines de scones.

SCONES AU SON

Le sucre ajoute de la saveur mais on peut l'omettre.

Farine tout usage	1³/₄ tasse	400 mL
Son naturel ou céréales All bran	¹/₂ tasse	125 mL
Sucre granulé	¹/₄ tasse	50 mL
Poudre à pâte	1 c. à soupe	15 mL
Sel	1 c. à thé	5 mL
Beurre ou margarine froid(e)	¹/₄ tasse	50 mL
Oeuf	1	1
Lait	³/₄ tasse	175 mL

Lait pour brosser le dessus
Sucre granulé pour saupoudrer

Mélanger la farine, le son, le sucre, la poudre à pâte et le sel dans un grand bol. Incorporer le beurre pour obtenir une pâte qui s'émiette.

Battre l'oeuf dans un petit bol. Incorporer le lait. Verser sur les ingrédients secs. Tourner pour obtenir une pâte molle. Pétrir doucement de 8 à 10 fois sur une surface légèrement couverte de farine. Tapoter à plat et couper en cercles ou tapoter pour former deux cercles de 6 pouces (15 cm). Disposer sur une tôle à biscuits graissée. Brosser les sommets avec du lait et saupoudrer de sucre. Marquer chaque sommet pour obtenir 6 morceaux en forme de parts de tarte. Cuire au four à 425°F (220°C) pendant 15 minutes jusqu'à ce que la pâte soit levée et dorée. Donne 12 scones.

Photo page 89.

Accueillez vos invités avec l'arôme de ces scones à peine sortis du four.

Farine tout usage	1 tasse	225 mL
Farine de blé entier	1 tasse	225 mL
Sucre granulé	1/4 tasse	50 mL
Poudre à pâte	4 c. à thé	20 mL
Cannelle	1 1/2 c. à thé	7 mL
Noix muscade	1/2 c. à thé	2 mL
Sel	1/2 c. à thé	2 mL
Beurre ou margarine froid(e)	1/3 tasse	75 mL
Raisins secs ou raisins de Corinthe	1/2 tasse	125 mL
Oeuf	1	1
Lait froid	3/4 tasse	175 mL

Lait pour brosser le dessus
Sucre granulé pour saupoudrer

Mélanger les 7 premiers ingrédients secs dans un grand bol. Incorporer le beurre pour obtenir une pâte qui s'émiette. Incorporer les raisins secs. Faire un puits au centre.

Battre l'oeuf dans un petit bol jusqu'à ce qu'il mousse. Incorporer le lait. Verser dans le puits. Tourner pour obtenir une pâte molle. Mettre sur une surface légèrement couverte de farine. Pétrir doucement de 8 à 10 fois. Tapoter pour former deux cercles de 6 pouces (15 cm). Transférer sur une tôle à biscuits graissée. Brosser les sommets avec du lait. Saupoudrer de sucre. Marquer chaque sommet pour obtenir 6 morceaux en forme de parts de tarte. Cuire au four à 425°F (220°C) pendant 15 minutes jusqu'à ce que la pâte soit bien levée et dorée. Servir chaud avec du beurre. Le sirop d'érable accompagne bien aussi. Donne 12 scones.

SCONES GRAHAM

Convient à n'importe quel appétit.

Farine tout usage	1¹/₄ tasse	300 mL
Chapelure de biscuits graham	1 tasse	225 mL
Flocons d'avoine	¹/₂ tasse	125 mL
Sucre granulé	¹/₄ tasse	50 mL
Poudre à pâte	4 c. à thé	20 mL
Sel	¹/₂ c. à thé	2 mL
Matière graisse, beurre ou margarine	¹/₂ tasse	125 mL
Raisins de Corinthe	¹/₂ tasse	125 mL
Oeuf	1	1
Lait froid	¹/₂ tasse	125 mL

Lait pour brosser le dessus
Sucre granulé pour saupoudrer

Mettre les 6 premiers ingrédients dans un bol. Bien tourner.

Ajouter la matière grasse et incorporer pour obtenir une pâte qui s'émiette.

Incorporer les raisins de Corinthe.

Casser l'oeuf dans un petit bol et battre à la fourchette. Incorporer le lait. Ajouter au mélange sec. Tourner à la fourchette jusqu'à ce qu'une boule de pâte puisse être formée. Mettre sur une surface légèrement couverte de farine. Pétrir doucement 10 fois. Former deux cercles de 6 pouces (15 cm). Brosser avec du lait et saupoudrer de sucre. Cuire au four à 425°F (220°C) sur une tôle à biscuits graissée pendant 15 minutes. Couper en morceaux. Servir chaud avec du beurre et votre confiture favorite. Donne 12 scones.

PETITS PAINS GRAHAM POUR LE THÉ

Très bons. Ils ont une saveur distinctive.

Farine tout usage	1¹/₂ tasse	350 mL
Chapelure de biscuits graham	1 tasse	225 mL
Sucre granulé	2 c. à soupe	30 mL
Poudre à pâte	4 c. à thé	20 mL
Sel	¹/₂ c. à thé	2 mL
Beurre ou margarine froid(e)	¹/₂ tasse	125 mL
Lait	³/₄ tasse	175 mL

Mélanger la farine, la chapelure de biscuits, le sucre, la poudre à pâte et le sel. Incorporer le beurre pour obtenir une pâte qui s'émiette.

Ajouter le lait. Tourner à la fourchette pour faire une boule molle. Ajouter plus de lait si nécessaire. Mettre sur une surface légèrement couverte de farine. Pétrir à la main doucement 10 fois. Rouler ou tapoter pour obtenir une épaisseur de ³/₄ pouce (2 cm). En utilisant un petit coupe-biscuits rond, couper les petits pains. Disposer sur une tôle à biscuits non graissée. Cuire au four à 425°F (220°C) de 10 à 12 minutes. Donne 12 petits pains.

CROÛTONS

Une telle économie de faire vos propres croûtons. Il n'y a rien là.

Pain dur
Beurre ou margarine fondu(e)

Enlever les croûtes des tranches de pain dur. Brosser le pain avec le beurre ou la margarine. Couper en petits cubes. Disposer sur une tôle à biscuits non graissée. Cuire au four à 350°F (180°C) pendant environ 15 minutes jusqu'à l'obtention d'une couleur dorée. Refroidir. Conserver dans un contenant couvert ou un sac de plastique. Servir dans les soupes ou les salades.

CROÛTONS À L'AIL: Après avoir brossé le pain avec le beurre fondu, saupoudrer de sel d'ail. Continuer comme ci-dessus.

PAIN GRILLÉ À LA CANNELLE

Une tradition du dimanche soir dans notre famille.

Beurre ou margarine ramolli(e)	1 tasse	250 mL
Cassonade tassée	2$^1/_2$ tasses	625 mL
Cannelle	2$^1/_2$ c. à soupe	40 mL

Bien mélanger tous les ingrédients pour pouvoir les étaler. Résister au désir d'ajouter plus de beurre. Ce serait plus facile à étaler mais cela rendrait la saveur trop douce. Conserver dans un contenant couvert au réfrigérateur si vous utilisez du beurre et sur une étagère de la cuisine si vous utilisez de la margarine.

Étaler sur du pain grillé chaud tel que désiré.

1. Pain au Fromage page 112
2. Pain Brun Boston page 115
3. Pain Banner Boston page 114
4. Pain Savoureux à l'Oignon page 116

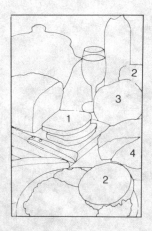

Aussi savoureux et parfumé que possible! Bon pain! Assez riche pour un lunch.

Farine tout usage	2 tasses	500 mL
Sucre granulé	1 tasse	250 mL
Poudre à pâte	2 c. à thé	10 mL
Bicarbonate de soude	$^{1}/_{2}$ c. à thé	2 mL
Cannelle	$1^{1}/_{2}$ c. à thé	7 mL
Sel	1 c. à thé	5 mL
Lait sur ou lait de beurre	1 tasse	250 mL
Huile	$^{1}/_{4}$ tasse	60 mL
Oeufs	2	2
Vanille	2 c. à thé	10 mL

Mettre dans un grand bol tous les ingrédients dans l'ordre donné. Battre 3 minutes. Verser dans un moule à pain graissé de 9×5×3 pouces (23×12×7 cm). Lisser la surface. Saupoudrer de garniture.

GARNITURE

Sucre granulé	2 c. à soupe	30 mL
Cannelle	1 c. à thé	5 mL
Margarine ou beurre ramolli(e)	2 c. à thé	10 mL

Mélanger tous les ingrédients jusqu'à l'obtention d'une pâte qui s'émiette. Saupoudrer sur la pâte dont le sommet a été égalisé. Avec un couteau, dessiner une légère vague pour créer un effet marbré. Cuire au four à 350°F (180°C) pendant environ 50 minutes. Piquer avec un cure-dent. Il devrait ressortir propre. Transférer du moule sur une grille pour refroidir. Donne un pain.

Note: Pour faire du lait sur, ajouter 1 c. à soupe (15 mL) de vinaigre à du lait pour obtenir 1 tasse (250 mL).

GALETTE BANNOCK

Quelques suppléments ajoutés pour donner une excellente variation.

Farine tout usage	2$^1/_2$ tasses	625 mL
Sucre granulé	3 c. à soupe	50 mL
Poudre à pâte	2 c. à soupe	30 mL
Sel	1 c. à thé	5 mL
Beurre ou margarine ou saindoux	2 c. à soupe	30 mL
Pommes de terre écrasées	1 tasse	250 mL
Lait	1 tasse	250 mL

Mettre dans un grand bol la farine, le sucre, la poudre à pâte et le sel. Ajouter le beurre et l'incorporer jusqu'à ce qu'il soit en petits morceaux.

Ajouter les pommes de terre. Bien les incorporer.

Verser le lait. Tourner à la fourchette pour former une boule. Mettre sur une surface de travail. Pétrir environ 10 fois. Disposer sur une tôle à biscuits non graissée. Tapoter en pressant pour obtenir une épaisseur de $^3/_4$ à 1 pouce (2 à 2,5 cm). Cuire au four à 400°F (200°C) pendant environ 20 minutes ou jusqu'à l'obtention d'une couleur bien dorée. Donne une galette ronde.

VARIATION: Omettre le sucre. Ajouter 2 c. à soupe (30 mL) de mélasse.

PAIN DE BLÉ ENTIER

C'est le pain le plus savoureux et le plus beau que vous pourriez souhaiter pour garnir votre table. Il n'est pas sec et a une riche couleur brune. Bon avec n'importe quel repas.

Farine de blé entier	2 tasses	500 mL
Farine tout usage	1 tasse	250 mL
Sucre granulé	$^1/_4$ tasse	50 mL
Poudre à pâte	2 c. à thé	10 mL
Bicarbonate de soude	1 c. à thé	5 mL
Sel	1 c. à thé	5 mL
Lait de beurre ou lait sur	1$^1/_2$ tasse	375 mL
Mélasse	$^1/_4$ tasse	60 mL
Huile	$^1/_4$ tasse	60 mL

(continuer à la prochaine page)

Mettre dans un grand bol les 6 ingrédients secs. Tourner pour bien mélanger. Faire un puits au centre.

Dans un petit bol, mettre le lait de beurre, la mélasse et l'huile. Tourner jusqu'à ce que la mélasse soit plus liquide et bien incorporée. Verser dans le puits. Tourner juste assez pour mélanger. Mettre dans un moule à pain graissé de 9×5×3 pouces (23×12×7 cm). Cuire au four à 350°F (180°C) de 40 à 50 minutes. Retirer du moule pour refroidir. Servir avec du beurre. Donne un pain.

PAIN GRAHAM: Utiliser de la farine graham au lieu de la farine de blé entier.

Note: Pour faire du lait sur, ajouter du lait à 1 1/2 c. à soupe (25 mL) de vinaigre pour obtenir 1 1/2 tasse (375 mL).

PAIN DE SEIGLE

Spécialement bon avec du boeuf salé.

Farine de seigle	2 tasses	500 mL
Farine tout usage	1 1/2 tasse	375 mL
Cassonade tassée	1/4 tasse	50 mL
Bicarbonate de soude	1 1/2 c. à thé	7 mL
Poudre à pâte	1 c. à thé	5 mL
Sel	1/2 c. à thé	2 mL
Lait de beurre	1 3/4 tasse	425 mL
Huile	2 c. à soupe	30 mL

Mettre les 6 ingrédients secs dans un grand bol. Bien mélanger. Faire un puits au centre.

Ajouter le lait de beurre et l'huile. Tourner juste pour humecter. Mettre dans un moule à pain graissé de 9×5×3 pouces (23×12×7 cm). Cuire au four à 350°F (180°C) pendant une heure. Retirer du moule pour refroidir. Servir avec du beurre. Donne un pain.

PAIN DE SEIGLE AU CUMIN: Ajouter une c. à soupe (15 mL) de graines de cumin.

PAIN AUX RAISINS SECS

Sans pain? Ce pain parfumé à la cannelle fera l'affaire. Bon grillé aussi.

Farine tout usage	3 tasses	750 mL
Sucre granulé	$1/2$ tasse	125 mL
Poudre à pâte	1 c. à soupe	15 mL
Bicarbonate de soude	$1/2$ c. à thé	2 mL
Sel	1 c. à thé	5 mL
Cannelle	$3/4$ c. à thé	4 mL
Raisins secs	1 tasse	250 mL
Oeuf battu	1	1
Beurre ou margarine fondu(e)	$1/4$ tasse	60 mL
Lait	1 tasse	250 mL

Mettre les 7 ingrédients secs dans un grand bol. Bien mélanger. Faire un puits au centre.

Dans un petit bol, battre l'oeuf pour le faire mousser. Incorporer le beurre fondu et le lait. Verser dans le puits. Tourner juste assez pour humecter. Mettre dans un moule à pain graissé de 9×5×3 pouces (23×12×7 cm). Cuire au four à 350°F (180°C) pendant une heure. Servir tel quel ou grillé avec du beurre. Donne un pain.

PAIN AU FROMAGE

Pas sec, délicieux et beau. Bon pour remplacer le pain. Et si simple à faire.

Farine tout usage	3 tasses	750 mL
Poudre à pâte	4 c. à thé	20 mL
Sel	$1/2$ c. à thé	3 mL
Fromage cheddar moyen ou fort, râpé	$1^1/2$ tasse	375 mL
Lait	$1^1/2$ tasse	375 mL
Beurre ou margarine fondu(e)	2 c. à soupe	30 mL

Mettre la farine, la poudre à pâte, le sel et le fromage dans un grand bol. Bien tourner.

Ajouter le lait et le beurre fondu. Tourner pour former une pâte molle. Mettre dans un moule à pain graissé de 9×5×3 pouces (23×12×7 cm). Cuire au four à 400°F (200°C) de 35 à 40 minutes. Retirer du moule pour refroidir. Servir avec du beurre. Donne un pain.

Photo page 107.

PAIN IRLANDAIS AU BICARBONATE

Une version rapide de ce pain bien connu.

Farine tout usage	4 tasses	1 L
Sucre granulé	2 c. à soupe	30 mL
Poudre à pâte	1 c. à soupe	15 mL
Bicarbonate de soude	1 c. à thé	5 mL
Sel	1 c. à thé	5 mL
Beurre ou margarine froid(e)	6 c. à soupe	100 mL
Lait de beurre	2 tasses	500 mL

Mettre la farine, le sucre, la poudre à pâte, le bicarbonate de soude et le sel dans un bol. Bien tourner. Incorporer le beurre pour obtenir une pâte qui s'émiette.

Ajouter le lait de beurre. Tourner juste assez pour humecter. Mettre sur une surface légèrement couverte de farine. Pétrir de 8 à 10 fois. Mettre dans un moule à pain graissé de 9×5×3 pouces (23×12×7 cm). Cuire au four à 350°F (180°C) pendant 1 heure jusqu'à l'obtention d'une couleur dorée et jusqu'à ce qu'un cure-dent inséré ressorte propre. Ce pain peut aussi être cuit dans une cocotte ou sur une tôle à biscuits. Donne un pain.

Variation: Ajouter une tasse de raisins de Corinthe ou de raisins secs.

GÂTEAU JOHNNY

Double arôme. Maïs et maïs. Pain au maïs bon à manger.

Semoule de maïs	1 tasse	250 mL
Poudre à pâte	1 c. à thé	5 mL
Bicarbonate de soude	1/2 c. à thé	2 mL
Sel	1/2 c. à thé	2 mL
Oeufs	2	2
Maïs en crème	1 tasse	250 mL
Huile	1/4 tasse	50 mL
Crème sure	1 tasse	250 mL

Mélanger la semoule de maïs, la poudre à pâte, le bicarbonate de soude et le sel.

Ajouter les oeufs et mélanger. Incorporer le maïs, l'huile et la crème sure. Verser dans un moule à gâteau graissé de 8×8 pouces (20×20 cm). Cuire au four à 400°F (200°C) pendant 25 minutes ou jusqu'à l'obtention d'une couleur dorée. Servir avec du beurre.

PAIN BANNER BOSTON

Le meilleur! Serviriez-vous des fèves sans celui-ci?

Farine de blé entier	1 tasse	250 mL
Semoule de maïs	1 tasse	250 mL
Chapelure de biscuits graham	1¼ tasse	300 mL
Sucre granulé	¼ tasse	50 mL
Bicarbonate de soude	1 c. à thé	5 mL
Sel	½ c. à thé	2 mL
Lait de beurre	1¼ tasse	300 mL
Mélasse	½ tasse	125 mL
Huile	¼ tasse	50 mL

Mettre tous les ingrédients secs dans un bol. Bien tourner.

Verser le lait de beurre, la mélasse et l'huile dans un petit bol. Mélanger. Verser dans le mélange sec. Tourner pour mélanger. Partager entre deux boîtes métalliques graissées de 28 onces (796 mL) ou trois boîtes métalliques graissées de 19 onces (540 mL). Couvrir les sommets avec une feuille d'aluminium gardée en place avec une corde ou un élastique. Mettre sur une grille dans une grande casserole. (Les pots avec un couvercle en métal fonctionnent bien.) Remplir la casserole avec de l'eau bouillante jusqu'à ce qu'elle arrive au moins à la moitié des boîtes. Couvrir la casserole. Continuer à faire bouillir doucement l'eau en ajoutant plus d'eau pour garder le même niveau. Cuire à la vapeur pendant 1 ½ heure jusqu'à ce qu'un cure-dent inséré ressorte propre. Refroidir pendant 10 minutes. Sortir ensuite des boîtes. Servir avec du beurre avec ou sans fèves. Donne 2 ou 3 pains.

Variation: Ajouter une tasse (250 mL) de raisins secs sans pépins.

Photo page 107.

PAIN BRUN IRLANDAIS

Un pain brun bon pour la santé à servir avec un repas. Si facile à faire. Essayez-le grillé.

Farine tout usage	2 tasses	500 mL
Farine de blé entier	1½ tasse	375 mL
Son naturel	½ tasse	125 mL
Sucre granulé	¼ tasse	50 mL
Bicarbonate de soude	1½ c. à thé	7 mL
Sel	1½ c. à thé	7 mL
Lait de beurre ou lait sur	2 tasses	500 mL
Huile	¼ tasse	50 mL

(continuer à la prochaine page)

Mettre dans un grand bol les farines, le son, le sucre, le bicarbonate de soude et le sel. Bien mélanger et faire un puits au centre.

Verser le lait de beurre et l'huile dans le puits. Tourner juste pour humecter. Mettre dans un moule à pain graissé de 9×5×3 pouces (23×12×7 cm). Cuire au four à 350°F (180°C) pendant une heure. Enlever du moule pour refroidir. Servir tel quel ou grillé, dans les deux cas avec du beurre. Donne un pain.

PAIN IRLANDAIS AUX RAISINS SECS: Ajouter une tasse (250 mL) de raisins secs.

Note: Pour faire du lait sur, ajouter du lait à 2 c. à soupe (30 mL) de vinaigre pour obtenir 2 tasses (500 mL).

PAIN BRUN BOSTON

Cuire des fèves pour compléter le repas.

Farine de blé entier	1 tasse	250 mL
Semoule de maïs	1 tasse	250 mL
Farine tout usage	1 tasse	250 mL
Cassonade	2 c. à soupe	30 mL
Poudre à pâte	1 c. à thé	7 mL
Bicarbonate de soude	1 c. à thé	5 mL
Sel	1 c. à thé	5 mL
Raisins secs (facultatifs)	1 tasse	250 mL
Eau	$1^1/_4$ tasse	300 mL
Mélasse	$^3/_4$ tasse	200 mL
Huile	2 c. à soupe	30 mL

Mettre les 7 ingrédients secs dans un grand bol. Ajouter les raisins secs si vous pensez les utiliser. Tourner pour bien mélanger. Faire un puits au centre.

Dans un petit bol, mélanger l'eau et la mélasse. Ajouter l'huile et verser dans le puits. Tourner juste pour humecter. La pâte ne sera pas lisse. Remplir aux $^2/_3$ deux boîtes métalliques graissées de 28 onces (796 mL) ou trois boîtes métalliques graissées de 19 onces (540 mL). Couvrir avec une feuille d'aluminium et bien fermer avec une corde. Placer les boîtes sur une grille dans un récipient avec de l'eau bouillante atteignant la moitié de la hauteur des boîtes. Couvrir le récipient. Cuire à la vapeur pendant 2 heures. Ajouter plus d'eau bouillante selon le besoin pour maintenir le même niveau d'eau. Sortir des boîtes. Servir chaud ou froid. Donne 2 ou 3 pains.

Photo page 107.

PAIN SAVOUREUX À L'OIGNON

Semble bon. A bon goût. Accompagne bien les salades vertes.

Farine tout usage	1½ tasse	375 mL
Poudre à pâte	1 c. à soupe	15 mL
Sel	1 c. à thé	5 mL
Beurre ou margarine froid(e)	2 c. à soupe	30 mL
Fromage cheddar fort râpé	½ tasse	125 mL
Oignon finement haché	½ tasse	125 mL
Beurre ou margarine	1 c. à soupe	15 mL
Oeuf légèrement battu	1	1
Lait	½ tasse	125 mL
Fromage cheddar fort râpé	½ tasse	125 mL

Mettre la farine, la poudre à pâte et le sel dans un grand bol. Incorporer le beurre pour obtenir une pâte qui s'émiette. Incorporer le fromage. Faire un puits au centre.

Frire doucement l'oignon dans le beurre jusqu'à ce qu'il devienne clair et doré. Mettre de côté.

Battre l'oeuf avec une cuillère dans un petit bol. Incorporer le lait. Ajouter l'oignon. Verser dans le puits. Tourner pour humecter et former une pâte molle. Mettre en tapotant dans un moule rond ou carré graissé de 8 pouces (20 cm).

Saupoudrer le dessus de fromage. Cuire au four à 400°F (200°C) pendant 25 minutes. Servir chaud à 6 appétits moyens.

Photo page 107.

Des dumplings gonflés et pas secs sont toujours un régal.

Farine tout usage	1 tasse	250 mL
Poudre à pâte	2 c. à thé	10 mL
Sucre granulé	1 c. à thé	5 mL
Sel	1/2 c. à thé	2 mL
Beurre ou margarine	1 c. à soupe	15 mL
Lait	1/2 tasse	125 mL

Mélanger la farine, la poudre à pâte, le sucre et le sel dans un bol moyen. Incorporer le beurre pour obtenir une pâte qui s'émiette. Incorporer le lait pour faire une pâte molle. Faire tomber par cuillerées sur du ragoût bouillant. Couvrir et faire mijoter pendant 15 minutes sans lever le couvercle. Servir. Donne 6 dumplings.

DUMPLINGS AU PERSIL: Ajouter 1 c. à soupe (15 mL) de flocons de persil.

PAIN GRAHAM AU MAÏS

Le meilleur pain au maïs. Une saveur supplémentaire.

Lait de beurre	3/4 tasse	175 mL
Semoule de maïs	1 tasse	250 mL
Beurre ou margarine ramolli(e)	1/2 tasse	125 mL
Sucre granulé	1/2 tasse	125 mL
Oeuf	1	1
Chapelure de biscuits graham	1 tasse	250 mL
Farine tout usage	1/2 tasse	125 mL
Poudre à pâte	1 c. à thé	5 mL
Bicarbonate de soude	1 c. à thé	5 mL
Sel	1/2 c. à thé	2 mL
Lait de beurre	1 tasse	250 mL

Mettre le lait de beurre et la semoule de maïs dans un petit bol. Mettre de côté.

Bien battre ensemble dans un bol le beurre, le sucre et l'oeuf.

Bien mélanger la chapelure, la farine, la poudre à pâte, le bicarbonate de soude et le sel. Ajouter en alternant avec la dernière tasse de lait de beurre. Incorporer le mélange avec la semoule de maïs. Mettre dans un moule graissé de 8×8 pouces (20×20 cm). Cuire au four à 350°F (180°C) pendant 45 minutes. Un cure-dent inséré ressortira propre. Servir au repas à la place du pain ou bien servir avec du beurre et du sirop d'érable.

CHOUX À LA CRÈME

Cette recette permet de faire facilement des choux pour présenter au dessert ou pour compléter un lunch.

Eau bouillante	1 tasse	250 mL
Beurre ou margarine	1/2 tasse	125 mL
Sel	1/4 c. à thé	1 mL
Farine tout usage	1 tasse	250 mL
Oeufs	4	4

Mettre l'eau bouillante, le beurre et le sel dans une casserole moyenne sur feu doux. Tourner pour fondre le beurre.

Ajouter la farine d'un seul coup. Tourner vigoureusement jusqu'à ce qu'une boule soit formée et que la pâte s'éloigne des bords de la casserole. Retirer du feu.

Ajouter les oeufs un à la fois en battant bien après chaque addition. Laisser tomber par cuillerées sur une tôle à biscuits graissée en laissant de l'espace pour permettre de l'expansion. Cuire au four à 425°F (220°C) pendant 30 minutes. Les choux devraient sembler secs et ne présenter aucune trace d'humidité. Lorsqu'ils sont refroidis, couper presque complètement le sommet, remplir avec de la crème fouettée parfumée ou de la viande en crème. Saupoudrer le dessus de sucre à glacer. Donne 12 grands choux à la crème. Pour 2 à 3 douzaines de choux plus petits, cuire moins longtemps.

CHOUX À LA CRÈME FRITS: Faire la pâte comme ci-dessus. Laisser tomber par cuillerées dans du gras à frire chauffé à 375°F (190°C) et cuire de 12 à 15 minutes jusqu'à l'obtention d'une couleur dorée, en tournant souvent. Égoutter sur des serviettes de papier. Lorsque les choux sont refroidis, couper les sommets. Remplir avec les mélanges froids ou chauds de votre choix. Remettre les sommets. Très croustillants et tendres. Excellents.

Photo page 71.

BANNOCK EN CHEMIN

Il y a des années, toute personne "en chemin" en portait.

Farine tout usage	3 tasses	750 mL
Sel	1 c. à thé	5 mL
Poudre à pâte	2 c. à soupe	30 mL
Beurre ou margarine fondu(e)	1/4 tasse	50 mL
Eau	1 1/2 tasse	375 mL

(continuer à la prochaine page)

Mettre la farine, le sel et la poudre à pâte dans un grand bol. Tourner pour mélanger.

Verser le beurre fondu et l'eau sur le mélange avec la farine. Tourner à la fourchette pour former une boule. Mettre sur une surface de travail. Pétrir doucement environ 10 fois. Tapoter pour former un cercle plat épais de 3/4 à 1 pouce (2 cm). Cuire dans une poêle à frire graissée sur feu moyen en laissant la pâte environ 15 minutes sur chaque côté. Utiliser deux pelles pour tourner facilement. Servir chaud avec du beurre. Casser des morceaux ou trancher avec un couteau. Peut aussi être cuit sur une tôle à biscuits graissée au four à 350°F (180°C) de 25 à 30 minutes.

Note: On peut utiliser des gouttes de gras de bacon ou de boeuf à la place du beurre.

PUDDING DU YORKSHIRE

Un accompagnement traditionnel du rôti et de la sauce.

Oeufs à la température de la pièce	**2**	**2**
Lait à la température de la pièce	**1 tasse**	**250 mL**
Farine tout usage	**7/8 tasse**	**225 mL**
Sel	**1/2 c. à thé**	**2 mL**
Graisse de rôti de boeuf	**1/4 tasse**	**50 mL**

Battre les oeufs dans un bol moyen pour les faire mousser. Incorporer le lait. Ajouter graduellement en battant la farine et le sel jusqu'à l'obtention d'un mélange lisse et ayant des bulles.

Chauffer les gouttes de gras de boeuf dans un moule de 8×8 pouces (20×20 cm) ou partager entre 12 moules à muffins. Quand le gras est très chaud, verser la pâte dans le moule ou verser dans les moules à muffins en les remplissant à moitié. Cuire au four à 450°F (230°C) pendant environ 30 minutes pour les moules à muffins et plus longtemps pour le moule. La pâte devrait être gonflée et bien dorée. Pour 6 à 8 personnes.

PETITS SOUFFLÉS

On peut les servir avec du beurre et de la confiture ou du miel. Ils tomberont s'ils ne sont pas assez cuits.

Oeufs	2	2
Lait	1 tasse	250 mL
Beurre ou margarine fondu(e)	3 c. à soupe	50 mL
Farine tout usage	1 tasse	250 mL
Sel	¹/₂ c. à thé	2 mL

Battre les oeufs jusqu'à ce qu'ils moussent. Incorporer le lait et le beurre. Ajouter la farine et le sel graduellement en battant jusqu'à l'obtention d'une pâte lisse. Mettre avec une cuillère dans des moules à muffins en les remplissant à moitié. Cuire au four à 450°F (230°C) pendant environ 30 minutes jusqu'à ce que la pâte soit gonflée et dorée. Servir immédiatement. Ne pas congeler. Donne 9 petits soufflés.

BAGEL BOUILLI

Un changement agréable à servir avec une salade, une soupe ou n'importe quel repas.

Pâte à pain gelée	1	1
Eau bouillante	2 - 3 quarts	2 - 3 L
Sel	1 c. à soupe	15 mL
Sucre granulé	1 c. à soupe	15 mL
Graines de sésame		
Graines de pavot		

Dégeler la pâte du pain dans le réfrigérateur pendant la nuit en prenant soin de la sortir de son emballage et de la mettre d'abord dans un sac de plastique. Le matin couper le pain en 10 à 12 morceaux. Sur une surface couverte de farine, étirer et façonner chaque morceau en lui donnant la forme d'un bagel, c'est-à-dire d'un anneau.

Dans une casserole assez grande, mettre l'eau, le sel et le sucre. Laisser tomber 3 ou 4 bagels dans l'eau bouillante. Quand ils remontent à la surface, les retirer de l'eau et les égoutter sur une serviette. Quand ils ont tous bouilli et ont été égouttés, les mettre sur une tôle à biscuits graissée. Saupoudrer de graines de sésame ou de pavot ou laisser tel quel. Cuire au four à 375°F (190°C) pendant 10 minutes ou jusqu'à l'obtention d'une couleur brun doré. Donne une douzaine de bagels.

Essayez-les comme pains et comme tranches grillées.

Couper une baguette française en tranches épaisses. Si vous les enveloppez ensuite dans une feuille d'aluminium, entièrement couper les tranches. Si vous chauffez ensuite le pain au four sans l'envelopper, couper les tranches presque jusqu'au bout mais pas complètement. Mélanger les ingrédients pour obtenir votre crème à tartiner préférée et étaler sur les deux côtés des tranches. Reformer le pain. Envelopper dans une feuille d'aluminium. Réchauffer au four à 350°F (180°C) pendant 20 minutes. Ou étaler le mélange sur des tranches épaisses et griller ensuite le pain au four. Bien surveiller car le pain brûle facilement. Avant d'être grillées, les tranches de pain peuvent être couvertes de beurre et ensuite saupoudrées des ingrédients leur donnant une saveur. Convient bien lorsque le temps est important.

PAIN AU CÉLERI

Beurre ou margarine ramolli(e)	1/2 tasse	125 mL
Sel de céleri	1/2 c. à thé	2 mL

PAIN FRANÇAIS AU FROMAGE

Fromage cheddar moyen ou fort, râpé	1/3 tasse	75 mL
Beurre ou margarine ramolli(e)	1/3 tasse	75 mL
Mayonnaise	1 c. à soupe	15 mL

PAIN AU CURRY

Beurre ou margarine ramolli(e)	1/2 tasse	125 mL
Poudre de curry	1/2 c. à thé	2 mL

PAIN À L'AIL

Beurre ou margarine ramolli(e)	1/2 tasse	125 mL
Sel d'ail	1/2 c. à thé	2 mL

PAIN AUX FINES HERBES

Beurre ou margarine ramolli(e)	1/2 tasse	125 mL
Thym	1/8 c. à thé	0,5 mL
Marjolaine	1/8 c. à thé	0,5 mL
Romarin	1/8 c. à thé	0,5 mL
Poudre d'ail	1/8 c. à thé	0,5 mL

PAIN À L'OIGNON

Beurre ou margarine ramolli(e)	1/2 tasse	125 mL
Sel d'oignon	1/2 c. à thé	2 mL

PAIN AU PARMESAN

Fromage parmesan râpé	1/4 tasse	60 mL
Beurre ou margarine	1/2 tasse	125 mL

PAIN PLAT DANOIS

Facile pour n'importe quel cuisinier. Plus facile encore à manger.

Flocons d'avoine moulus	3 tasses	750 mL
Farine tout usage	1¹/₂ tasse	375 mL
Bicarbonate de soude	1 c. à thé	5 mL
Sel	1 c. à thé	5 mL
Lait de beurre	1¹/₄ tasse	300 mL
Beurre ou margarine fondu(e)	¹/₂ tasse	125 mL

Moudre l'avoine dans un robot culinaire pour obtenir des miettes. Mettre tous les ingrédients dans un grand bol. Bien mélanger pour obtenir une pâte dure. Laisser reposer 20 minutes. Partager en 8 morceaux égaux ayant la forme d'une boule. Rouler sur une surface légèrement couverte de farine pour former une plaque aussi mince que possible. Frire dans une poêle chaude graissée à 350°F (180°C) en tournant pour cuire chaque côté. C'est prêt lorsque des taches brunes apparaissent. Servir chaud ou froid, couvert de beurre avec de la confiture, du sirop ou du miel. Donne 8 plaques.

PAIN PLAT

Un pain plat croustillant d'origine norvégienne, le meilleur pain d'Anna.

Farine tout usage	2 tasses	500 mL
Farine de blé entier	2 tasses	500 mL
Son naturel	2 tasses	500 mL
Sucre granulé	¹/₄ tasse	50 mL
Sel	1 c. à soupe	15 mL
Poudre à pâte	2 c. à thé	10 mL
Bicarbonate de soude	1 c. à thé	5 mL
Eau chaude	1 tasse	250 mL
Lait de beurre	1 tasse	250 mL
Beurre ou margarine fondu(e)	³/₄ tasse	200 mL

Mélanger les 7 ingrédients secs dans un grand bol.

Ajouter l'eau, le lait de beurre et le beurre fondu. Tourner rapidement juste pour humecter. Façonner en boules ayant les dimensions d'un oeuf. Rouler avec une épingle à rouler à lefse (ou la vôtre) jusqu'à l'obtention d'une plaque mince comme du papier. Utiliser de la farine pour empêcher de coller. Cuire sur un grand gril ou dans une poêle à frire électrique à 400°F (200°C) jusqu'à ce que chaque côté soit doré. Faire sécher au four à 300°F (150°C) de 3 à 5 minutes. Devrait être sec et croustillant. Casser en morceaux pour servir. Donne 2 douzaines de plaques.

Essayez ce pain plat des Indes. Il est rapide à préparer.

Farine de blé entier	2 tasses	450 mL
Sel	$^1/_2$ c. à thé	2 mL
Eau pour commencer	$^3/_4$ tasse	175 mL
Beurre ou margarine fondu(e)	3 c. à soupe	50 mL

Mélanger la farine, le sel et l'eau dans un bol pour former une pâte dure. Ajouter plus d'eau, un petit peu à la fois, si nécessaire. Laisser reposer 30 minutes. Rouler des morceaux ayant les dimensions d'un oeuf pour obtenir des plaques très minces. Frire sur un gril ou dans une poêle à 400°F (200°C). (Des gouttes d'eau sautent très rapidement lorsque la poêle est assez chaude). Cuire jusqu'à ce que des taches brunes apparaissent. Brosser avec du beurre fondu et servir. Garder dans une serviette si nécessaire pour conserver au chaud. Donne 10 cercles d'environ 7 pouces (18 cm) de diamètre.

Ceci est le pain indien favori. C'est un pain plat frit.

Farine de blé entier	2 tasses	450 mL
Poudre à pâte	2 c. à thé	10 mL
Sel	$^1/_2$ c. à thé	2 mL
Beurre ou margarine fondu(e)	1 c. à soupe	15 mL
Eau	$^3/_4$ - 1 tasse	200-250 mL
Saindoux ou huile		

Mélanger tous les ingrédients dans un bol moyen, en ajoutant plus d'eau si nécessaire, pour obtenir une pâte dure. Mettre sur une surface couverte de farine. Pétrir 12 fois. Rouler de petits morceaux ayant les dimensions d'un oeuf jusqu'à l'obtention de plaques très minces. Verser le saindoux ou l'huile de cuisson jusqu'à atteindre une profondeur de $1^1/_2$ pouce (4 cm) dans une grande poêle ou un wok. Chauffer à 375°F (190°C). Laisser tomber une plaque à la fois. Presser avec une grande cuillère. Retourner une fois. Cuire jusqu'à ce que la plaque soit légèrement brune. Égoutter sur des serviettes de papier. Servir chaud. Donne 14 cercles.

GRESSINS AU FROMAGE

Ils sont bons et très délicats.

Farine tout usage	**2 tasses**	**500 mL**
Fromage cheddar fort râpé	**2 tasses**	**500 mL**
Beurre ou margarine ramolli(e)	**³/₄ tasse**	**200 mL**
Poudre à pâte	**1 c. à thé**	**5 mL**
Poivre de Cayenne	**¹/₄ c. à thé**	**1 mL**
Sel	**¹/₂ c. à thé**	**2 mL**

Mettre tous les ingrédients dans un grand bol. Bien mélanger. Rouler des morceaux de pâte pour obtenir des bâtonnets allongés un peu plus épais que des crayons. Couper en longueurs de 4 à 5 pouces (10 à 12 cm). Cuire au four à 400°F (200°C) pendant 5 minutes ou jusqu'à l'obtention d'une couleur dorée. Donne 4 douzaines.

Photo page 53.

1. Muffins Fromage et Bacon page 20
2. Petits Pains Savoureux aux Saucisses
   page 96
3. Muffins Carottes et Épices page 22
4. Gaufres page 135

Ce pain plat croustillant et parfumé aux noix peut être servi avec la soupe ou être présenté comme collation.

Oeuf battu	1	1
Huile	1 c. à soupe	15 mL
Lait	$^2/_3$ tasse	150 mL
Farine tout usage	$2^2/_3$ tasses	600 mL
Sel	$1^1/_2$ c. à thé	7 mL
Sucre granulé	2 c. à thé	10 mL
Graines de sésame	2 c. à soupe	30 mL

Battre l'oeuf pour le faire mousser. Ajouter les autres ingrédients. Bien mélanger. La pâte devrait être dure. Laisser reposer 30 minutes. Partager la pâte en 6 morceaux. Rouler pour obtenir des plaques très fines- aussi fines que possible tout en pouvant encore les manipuler. Les graines de sésame peuvent être saupoudrées sur le sommet de la pâte au moment où l'on finit de rouler plutôt qu'ajoutées à la pâte au moment où l'on mélange si on trouve cela plus facile. Les graines ont tendance à tomber lorsqu'on manipule la pâte. Cuire sur une tôle à biscuits non graissée. Cuire sur l'étagère la plus haute du four à 375°F (190°C) pendant 15 minutes jusqu'à l'obtention d'une couleur dorée. Pour ajouter de l'humidité, mettre un moule à gâteau contenant de l'eau sur l'étagère la plus basse du four pendant les 5 premières minutes. Enlever pour le reste de la cuisson. Casser en morceaux et conserver dans un sac de plastique lorsque refroidi. Donne 6 plaques.

Photo page 53.

LEFSE

Un pain plat et mou norvégien, parmi les préférés d'Agnès.

Pommes de terre cuites écrasées	6 tasses	1,35 L
Beurre ou margarine ramolli(e)	3 c. à soupe	50 mL
Sel	1 c. à thé	5 mL
Crème légère ou lait	½ tasse	125 mL
Farine tout usage	3 tasses	700 mL

Mélanger tous les ingrédients dans un grand bol. Faire une boule ayant les dimensions d'une orange japonaise. Rouler avec une épingle à rouler à lefse (ou la vôtre) sur une surface légèrement couverte de farine ou sur une serviette pour le thé légèrement couverte de farine. Rouler aussi finement que possible tout en pouvant encore manipuler la pâte. Frire sur un gril à 400°F (200°C) en tournant une fois. Pour tourner, utiliser une spatule ou un bâton propre et plat. Les pains sont cuits lorsque des taches brunes apparaissent. Donne 24 plaques.

Suggestions pour Servir:

1. Mettre du beurre comme sur le pain régulier.

2. Étaler du beurre sur le Lefse. Saupoudrer de sucre granulé. Rouler à partir de chacun des deux côtés vers le centre. Couper le centre entre les rouleaux. Couper chaque rouleau en longueurs de 2 ½ pouces (6 cm).

3. On peut saupoudrer de la cannelle sur le beurre et le sucre étalés tel qu'indiqué ci-dessus. Rouler et couper ensuite selon les indications ci-dessus.

4. Mélanger une quantité égale de beurre et de crème sure. Étaler sur une moitié de lefse. Saupoudrer de sucre granulé. Replier l'autre moitié par-dessus. Couper en morceaux. Garder dans un tissu dans un sac de plastique jusqu'à utilisation.

Avec des garnitures différentes, vous obtenez quatre sortes de cra-quelins en une seule cuisson.

Fromage cheddar fort râpé	2 tasses	500 mL
Farine tout usage	2 tasses	500 mL
Beurre ou margarine ramolli(e)	1/2 tasse	125 mL
Sel	1 c. à thé	5 mL
Paprika	1/4 c. à thé	1 mL
Poivre de Cayenne	1/4 c. à thé	1 mL
Eau	1/2 tasse	125 mL

Mélanger tous les ingrédients dans un bol. Former des rouleaux larges d'1 1/2 pouce (4 cm). Envelopper de papier ciré et refroidir pendant au moins 2 heures. Couper en tranches minces et mettre sur une tôle à biscuits non graissée. Saupoudrer de sel grossier. Presser douce-ment. Cuire au four à 425°F (220°C) pendant 5 minutes ou jusqu'à l'obtention d'une couleur dorée. Donne 4 douzaines.

On peut aussi rouler ces craquelins sur une surface couverte de fa-rine et les couper ensuite. Pour obtenir des garnitures facultatives, brosser avec de l'eau et saupoudrer de sel d'ail, de sel de céleri ou de poudre de curry.

Photo page 53.

BISCUITS SODA

Un craquelin qui rappelle un biscuit sucré. Servir avec votre fromage favori.

Farine tout usage	2	tasses	450 mL
Sucre granulé	1/2	tasse	125 mL
Beurre ou margarine froid(e)	1/4	tasse	60 mL
Oeuf battu	1		1
Bicarbonate de soude	3/4	c. à thé	4 mL
Eau	2	c. à thé	10 mL

Mettre la farine et le sucre dans un bol. Incorporer le beurre jusqu'à l'obtention d'une pâte qui s'émiette. Faire un puits au centre.

Battre l'oeuf pour le faire mousser. Dissoudre le bicarbonate de soude dans l'eau dans un petit récipient et ajouter à l'oeuf. Verser dans le puits. Tourner pour obtenir une pâte ferme. Si elle est trop ferme, ajouter de l'eau, seulement une petite cuillerée à la fois. Rouler pour amincir sur une surface légèrement couverte de farine. Couper en ronds ou en carrés. Percer avec une fourchette. Cuire sur une tôle à biscuits graissée au four à 350°F (180°C) pendant environ 15 minutes ou jusqu'à l'obtention d'une couleur dorée. Donne de 5 à 6 douzaines de petits biscuits.

BISCUITS AU SÉSAME: Brosser avec un blanc d'oeuf battu à la fourchette. Saupoudrer de graines de sésame avant de cuire.

BISCUITS SALÉS: Brosser avec du beurre fondu et saupoudrer de sel avant de cuire.

Photo page 53.

Utilisez entiers ou écrasez en chapelure pour utiliser avec les recettes du livre de cuisine ''150 Délicieux Carrés'' de Jean Paré.

Farine tout usage	2 tasses	450 mL
Farine graham	$^1/_4$ tasse	50 mL
Cassonade tassée	$^1/_2$ tasse	125 mL
Bicarbonate de soude	1 c. à thé	5 mL
Sel	1 c. à thé	5 mL
Beurre ou margarine ramolli(e)	$^1/_2$ tasse	125 mL
Huile	$^1/_4$ tasse	60 mL
Eau	$^1/_4$ tasse	60 mL

Mettre tous les ingrédients dans un grand bol. Bien mélanger. Partager la pâte en deux. Rouler la moitié de la pâte directement sur une tôle à biscuits. Elle s'émiette trop pour être transférée d'une surface à une autre. Si votre tôle a des côtés, retourner la tôle et utiliser le fond. Rouler pour obtenir les dimensions de 12×10 pouces (30×25 cm). Saupoudrer de farine une épingle à rouler tel que nécessaire. Utiliser une règle pour guider un couteau à travers la pâte afin de légèrement marquer tous les 2 pouces (5 cm). Piquer avec une fourchette en essayant de garder les trous alignés pour une apparence égale et professionnelle. Cuire au four à 425°F (220°C) pendant environ 10 minutes ou jusqu'à l'obtention d'une couleur dorée. Ces biscuits deviennent croustillants alors qu'ils refroidissent. Pour obtenir un côté propre, couper sur les lignes lorsque les biscuits sont encore chauds. Donne 5 douzaines de petits biscuits.

Note: On peut refroidir la pâte en rouleaux et ensuite la trancher et la cuire.

GRESSINS AU SÉSAME

Ces gressins savoureux sont faciles à faire. Utiles pour les collations.

Oeufs	3	3
Sucre granulé	1 c. à soupe	15 mL
Huile	1/2 tasse	125 mL
Farine tout usage	1 1/4 tasse	300 mL
Sel	1/2 c. à thé	2 mL
Graines de sésame		

Battre les oeufs dans un bol jusqu'à ce qu'ils deviennent légèrement colorés et épais. Ajouter le sucre et l'huile. Battre très bien.

Dans un autre bol, mélanger la farine et le sel. Ajouter au mélange à l'oeuf en y mettant une cuillerée à soupe à la fois tout en continuant à battre. Rouler une petite boule de pâte pour obtenir la forme d'un crayon épais long de 6 pouces (15 cm). Ajouter en roulant les graines de sésame. Disposer sur des moules non graissés. Cuire au four à 350°F (180°C) de 25 à 30 minutes jusqu'à ce que les gressins soient dorés et croustillants. Donne 2 douzaines.

Note: Si vous désirez que plus de graines collent, essayez de brosser d'abord avec un blanc d'oeuf légèrement battu. Il servira de colle.

Photo page 53.

CRAQUELINS DE BLÉ ENTIER

Juste ce dont la réception a besoin - un craquelin bon pour la santé.

Farine tout usage	1 tasse	225 mL
Farine de blé entier	1 tasse	225 mL
Sucre granulé	2 c. à soupe	30 mL
Sel	3/4 c. à thé	4 mL
Bicarbonate de soude	1 c. à thé	5 mL
Beurre ou margarine ramolli(e)	1/2 tasse	125 mL
Eau	3/4 tasse	175 mL

Mettre tous les ingrédients dans un bol. Bien mélanger. Rouler la moitié de la pâte directement sur une tôle à biscuits. Rouler pour amincir. Couper en carrés en utilisant une règle pour guider le couteau. Répéter pour la seconde moitié de la pâte. Saupoudrer de farine l'épingle à rouler tel que nécessaire. Piquer avec une fourchette en gardant les trous espacés de manière régulière. Brosser légèrement avec de l'eau. Saupoudrer de sel. Cuire au four à 425°F (220°C) pendant environ 10 minutes jusqu'à l'obtention d'une couleur dorée. Donne 5 douzaines de craquelins.

Si faciles à faire. Peuvent se multiplier rapidement pour des assiettes supplémentaires.

Farine tout usage	1¹/₂ tasse	375 mL
Sucre granulé	1 c. à soupe	15 mL
Poudre à pâte	1 c. à soupe	15 mL
Sel	¹/₂ c. à thé	2 mL
Oeuf battu	1	1
Huile	2 c. à soupe	30 mL
Lait	1¹/₂ tasse	375 mL

Mettre la farine, le sucre, la poudre à pâte et le sel dans un bol moyen.

Battre légèrement l'oeuf dans un petit bol. Incorporer l'huile et le lait. Ajouter aux ingrédients secs. Tourner. Quelques petits grumeaux dans la pâte sont préférables. Ajouter plus ou moins de lait pour avoir des crêpes plus épaisses ou plus fines. La poêle est prête lorsque des gouttes d'eau sautent partout. Laisser tomber la pâte par cuillerées sur une poêle chauffée à 380°F (190°C) légèrement graissée. Quand des bulles apparaissent et que les bords commencent à sécher, retourner pour dorer l'autre côté. Servir chaud avec du beurre et du sirop d'érable. Donne 12 Crêpes Anglaises.

CRÊPES ANGLAISES GRAHAM: Utiliser 1¹/₄ tasse (300 mL) de farine et ajouter ¹/₂ tasse (125 mL) de chapelure de biscuits graham.

CRÊPES ANGLAISES AUX BLEUETS: Incorporer ³/₄ à 1 tasse (175 à 250 mL) de bleuets.

CRÊPES ANGLAISES AU GERME DE BLÉ: Ajouter ¹/₂ tasse (125 mL) de germe de blé plus ¹/₄ tasse (50 mL) de lait supplémentaire à la pâte.

SIROP D'ÉRABLE

Faites le vôtre. C'est si facile et rapide.

Cassonade tassée	2 tasses	500 mL
Eau	1 tasse	250 mL
Essence d'érable	1 c. à thé	5 mL

Dans une casserole moyenne, mettre le sucre et l'eau. Amener à ébullition en tournant souvent. Retirer du feu et ajouter le parfum. Servir avec des crêpes, des gaufres et des Tranches Dorées. Donne 2 tasses.

CRÊPES FRANÇAISES

On peut les cuire à l'avance et les geler jusqu'à utilisation.

Oeufs	4	4
Lait	1 tasse	250 mL
Eau	1 tasse	250 mL
Farine tout usage	2 tasses	500 mL
Huile	4 c. à soupe	50 mL
Sel	$1/4$ c. à thé	1 mL
Sucre granulé (ajouté seulement aux crêpes de dessert)	1 c. à thé	5 mL

Battre les oeufs dans un grand bol pour les faire mousser. Ajouter les autres ingrédients. Battre pour obtenir une pâte lisse. Couvrir et garder au réfrigérateur pendant une nuit ou au moins quelques heures. Ajouter un peu de lait avant de cuire si la pâte est trop épaisse. Verser 2 c. à soupe (30 mL) dans une poêle à crêpes chaude et graissée. Remuer la poêle pour répandre la pâte sur tout le fond de la poêle. Retirer lorsque le côté du dessous est légèrement doré. Empiler en mettant du papier ciré entre chaque crêpe. Conserver dans un sac de plastique bien fermé. Utiliser selon le besoin. Donne 24 Crêpes Françaises.

TRANCHES DORÉES

Prenez ensemble vos oeufs et votre pain grillé.

Oeufs	3	3
Sucre granulé	1 c. à thé	5 mL
Sel	$1/2$ c. à thé	2 mL
Lait	$3/4$ tasse	175 mL
Tranches de pain dur	8 - 10	8 - 10
Sucre à glacer pour saupoudrer		

Mettre dans un bol les oeufs, le sucre, le sel et le lait. Bien mélanger.

Tremper les tranches de pain dans la pâte. Frire dans une poêle pas trop chaude et légèrement graissée. Dorer les deux côtés.

Saupoudrer de sucre à glacer si vous désirez quelque chose de très spécial. Passer le beurre et le sirop d'érable.

HUSHPUPPIES

Juste le bon accompagnement pour servir avec le poisson.

Semoule de maïs	1¹/₂ tasse	350 mL
Farine tout usage	¹/₂ tasse	125 mL
Poudre à pâte	1 c. à soupe	15 mL
Sel	³/₄ c. à thé	4 mL
Sucre granulé	1 c. à thé	5 mL
Oignon finement râpé	3 c. à soupe	50 mL
Oeuf	1	1
Lait	³/₄ tasse	175 mL

Gras pour frire

Mettre la semoule de maïs, la farine, la poudre à pâte, le sel, le sucre et l'oignon dans un bol. Bien tourner pour bien mélanger.

Dans un autre bol, battre l'oeuf pour le faire mousser. Incorporer le lait. Verser dans les ingrédients secs. Bien tourner. Laisser reposer jusqu'à ce que le mélange durcisse un peu. Faire tomber par petites cuillerées dans du gras ou de l'huile à 375°F (190°C) jusqu'à l'obtention d'une couleur dorée. Égoutter sur des serviettes de papier. Servir chaud. Donne 2 douzaines.

GAUFRES

Un régal pour un petit déjeuner ou un brunch. Si on les recouvre de fruits et de crème glacée, on obtient un dessert toujours bien reçu.

Farine tout usage	1¹/₂ tasse	375 mL
Sucre granulé	2 c. à soupe	30 mL
Poudre à pâte	1 c. à soupe	15 mL
Sel	¹/₂ c. à thé	2 mL
Oeufs battus	2	2
Lait	1¹/₂ tasse	375 mL
Beurre ou margarine fondu(e)	¹/₄ tasse	50 mL

Mettre la farine, le sucre, la poudre à pâte et le sel dans un bol. Très bien mélanger. Faire un puits au centre.

Dans un bol séparé, battre les oeufs pour les faire mousser. Incorporer le lait et le beurre. Verser dans le puits. Battre seulement pour obtenir un mélange lisse. Remplir le gaufrier chaud selon ses propres directives. Cuire jusqu'à ce qu'il s'arrête de donner de la vapeur.

Servir immédiatement avec du beurre et du sirop. Pour 3 à 4 personnes.

Photo page 125.

PÂTE À BEIGNETS

Avec une friteuse vous pouvez facilement faire toutes sortes de délicieux beignets. Saupoudrer de sucre pour une touche spéciale.

Farine tout usage	**1¹/₃ tasse**	**300 mL**
Sucre granulé	**2 c. à soupe**	**30 mL**
Poudre à pâte	**2 c. à thé**	**10 mL**
Sel	**¹/₄ c. à thé**	**2 mL**
Oeuf	**1**	**1**
Lait	**³/₄ tasse**	**175 mL**

Gras pour frire

Mettre dans un bol la farine, le sucre, la poudre à pâte et le sel.

Battre l'oeuf dans un petit bol pour le faire mousser. Ajouter l'oeuf et le lait au mélange à farine. Bien mélanger. Ici vous pouvez ajuster les ingrédients. La pâte devrait être assez épaisse pour envelopper le morceau de fruit. Si elle est trop liquide, elle s'écoule. Ajouter plus de farine pour épaissir ou plus de lait pour rendre plus liquide. Quand on utilise de petits morceaux comme des framboises ou des mélanges de fruits égouttés, la pâte doit être assez liquide pour envelopper le fruit mais assez épaisse pour le garder ensemble.

Laisser tomber dans du gras chauffé à 375°F (190°C). Dorer chaque côté. Égoutter sur des serviettes de papier.

BEIGNETS AUX POMMES: Peler les pommes et enlever le coeur. Couper en anneaux épais de ¹/₂ pouce (1 cm) ou en morceaux. Saupoudrer de farine. Tremper dans la pâte. Cuire dans le gras chauffé à 375°F (190°C) jusqu'à l'obtention d'une couleur dorée sur les deux côtés. Égoutter sur des serviettes de papier.

BEIGNETS AUX BANANES: Peler et couper les bananes en morceaux. Tremper dans la pâte. Cuire dans le gras chauffé à 375°F (190°C) jusqu'à l'obtention d'une couleur dorée.

BEIGNETS AU MAÏS: Omettre le sucre dans la pâte à beignets. Incorporer 1 ¹/₂ tasse (375 mL) de maïs en grains entiers cuit. Continuer tel qu'indiqué ci-dessus.

BEIGNETS AUX TOMATES: Omettre le sucre dans la pâte à beignets. Trancher des tomates très fermes, vertes ou à peine mûres, épaisses de ¹/₂ pouce (1 cm). Tremper dans la pâte et continuer tel qu'indiqué ci-dessus.

BEIGNETS AUX LÉGUMES: Cuire à moitié des panais, des carottes et des morceaux de chou-fleur. Refroidir. Tremper dans la pâte et continuer tel qu'indiqué ci-dessus.

Photo page 71.

Si vous ne les avez jamais essayés, vous vous demanderez pourquoi. Ils peuvent être servis avec du fromage, de la confiture ou du beurre ou être roulés dans le sucre lorsqu'ils sont chauds.

Farine tout usage	**2 tasses**	**450 mL**
Sucre granulé	**$^1/_2$ tasse**	**125 mL**
Poudre à pâte	**2 c. à thé**	**10 mL**
Sel	**$^1/_2$ c. à thé**	**2 mL**
Noix muscade	**$^1/_4$ c. à thé**	**1 mL**
Cannelle	**$^1/_4$ c. à thé**	**1 mL**
Beurre ou margarine	**$^1/_2$ tasse**	**125 mL**
Raisins de Corinthe ou fruits confits hachés	**$^1/_2$ tasse**	**125 mL**
Assortiment d'écorces de fruits	**$^1/_4$ tasse**	**50 mL**
Oeuf	**1**	**1**
Lait	**$^1/_3$ tasse**	**75 mL**

Mettre la farine, le sucre, la poudre à pâte, le sel, la noix muscade et la cannelle dans un grand bol. Incorporer le beurre pour obtenir une pâte qui s'émiette. Incorporer les raisins de Corinthe et les écorces de fruits.

Battre l'oeuf à la fourchette. Ajouter l'oeuf et le lait. Incorporer dans la pâte comme pour faire une croûte à tarte. Rouler sur une surface couverte de farine pour obtenir une épaisseur de $^1/_4$ pouce ($^2/_3$ cm). Couper en cercles de 3 pouces (7 cm). Frire dans une poêle à frire sur feu moyen en dorant les deux côtés. Pour vérifier la chaleur de la poêle, y envoyer des gouttes d'eau qui devraient grésiller mais non pas sauter. Donne 2 douzaines ou plus si des cercles plus petits sont coupés.

Photo page 71.

BEIGNES À TOUTE ÉPREUVE

Vous pouvez doubler ou tripler la recette en un rien de temps. A le goût du vrai beigne.

Boîte de petits pains réfrigérés	1	1
Gras pour frire		

Percer un trou au centre de chaque petit pain. Façonner en forme de beigne plat. Frire dans du gras chauffé à 375°F (190°C). Dorer les deux côtés. Égoutter sur des serviettes de papier. Tremper dans du sucre granulé ou laisser au naturel. Donne 10 beignes.

BEIGNES AU CHOCOLAT

Tout aussi faciles à réaliser que les beignes au naturel. Ils sont superbes.

Huile	3 c. à soupe	50 mL
Sucre granulé	1 tasse	225 mL
Oeufs	2	2
Lait	1 tasse	250 mL
Vanille	1 c. à thé	5 mL
Farine tout usage	$3^3/_4$ tasses	850 mL
Poudre à pâte	4 c. à thé	20 mL
Sel	$^1/_2$ c. à thé	3 mL
Cacao	$^1/_3$ tasse	75 mL

Gras pour frire

Mettre l'huile, le sucre, les oeufs, le lait et la vanille dans un bol. Bien mélanger.

Ajouter la farine, la poudre à pâte, le sel et le cacao. Tourner pour mélanger.

Chauffer le gras à 375°F (190°C).

Sur une surface couverte de farine, rouler la pâte pour obtenir une épaisseur de $^1/_4$ pouce ($^5/_8$ cm). Couper avec la forme à beignes. Faire tomber soigneusement dans le gras chaud quelques-uns à la fois de sorte à ne pas trop encombrer le récipient. Lorsque les beignes sont légèrement dorés, tourner pour cuire l'autre côté. Cuire aussi les ''trous'' du centre. Égoutter les beignes en les faisant tenir sur le bord et en les mettant sur des serviettes de papier posées sur un plateau. Glacer pour obtenir un effet spécial. Donne 2 douzaines.

GLAÇAGE: Mélanger assez de lait avec 1 tasse (250 mL) de sucre à glacer et $^1/_4$ tasse (50 mL) de cacao pour obtenir un glaçage assez épais mais qui coule. Y tremper le dessus des beignes. Faire sécher sur un plateau.

Photo page 71.

Observez tout le monde se rassembler pour la grande friture.

Beurre ou margarine fondu(e)	3 c. à soupe	50 mL
Sucre granulé	1 tasse	225 mL
Oeufs	2	2
Lait	1 tasse	250 mL
Vanille	1 c. à thé	5 mL
Farine tout usage	4 tasses	900 mL
Poudre à pâte	4 c. à thé	20 mL
Sel	1/2 c. à thé	2 mL
Cannelle	1/2 c. à thé	2 mL
Noix muscade	1/2 c. à thé	2 mL

Gras pour frire

Mélanger dans un bol le beurre fondu, le sucre, les oeufs, le lait et la vanille.

Incorporer la farine, la poudre à pâte, le sel, la cannelle et la noix muscade. Bien mélanger.

Chauffer le gras à 375°F (190°C).

Rouler la pâte sur une surface couverte de farine pour obtenir une épaisseur de 1/4 pouce. Couper avec la forme à beignes. Faire tomber les beignes dans le gras chaud quelques-uns à la fois de sorte à ne pas encombrer le récipient. Lorsque les beignes sont légèrement dorés, tourner pour cuire l'autre côté. Frire aussi les ''trous''. Mettre sur un plateau couvert de serviettes de papier. Faire tenir les beignes sur le côté pour égoutter et refroidir. Si vous désirez sucrer vos beignes, les mettre dans un sac de papier avec 1/4 tasse (50 mL) de sucre granulé et secouer. Pour obtenir une saveur de cannelle, ajouter 1/4 de c. à thé (3 mL) de cannelle au sucre dans le sac. Donne 3 douzaines.

BEIGNES AU FOUR: Si vous aimez le goût des beignes mais ne pouvez manger la nourriture frite, cuire quelques beignes au four à 350°F (180°C) de 20 à 30 minutes.

Photo page 71.

BEIGNES À L'ORANGE: Ajouter à la pâte 2 c. à soupe (30 mL) d'écorce d'orange finement râpée.

GLAÇAGE: Mélanger assez de jus d'orange avec 1 tasse (250 mL) de sucre à glacer pour obtenir un glaçage plutôt liquide. Tremper le dessus des beignes dans le glaçage. Faire sécher sur un plateau.

GLAÇAGE À LA CASSONADE

Cassonade tassée	$^1/_3$ tasse	75 mL
Beurre ou margarine	2 c. à soupe	30 mL
Crème ou lait	2 c. à soupe	30 mL
Noix écrasées	1-2 c. à soupe	15-30 mL

Mettre la cassonade, le beurre et la crème dans une petite casserole. Amener à ébullition et faire mijoter pendant 3 minutes. Mettre à la cuillère sur un pain chaud. Saupoudrer de noix. Spécialement bon sur le Pain aux Graines de Pavot et le Pain aux Dattes.

MÉLANGE BEURRE ET NOISETTES

Beurre ou margarine ramolli(e)	$^1/_2$ tasse	125 mL
Écorce d'orange râpée	1 c. à soupe	15 mL
Noisettes finement hachées	$^1/_2$ tasse	125 mL

Battre le beurre jusqu'à ce qu'il gonfle. Incorporer l'écorce d'orange et les noisettes. À essayer avec plusieurs pains.

BEURRE À LA CANNELLE

Beurre ou margarine ramolli(e)	$^1/_2$ tasse	125 mL
Cassonade tassée	$^3/_4$ tasse	175 mL
Lait	2 c. à soupe	30 mL
Cannelle	$1^1/_2$ c. à thé	7 mL

Battre jusqu'à ce que la préparation soit bien mélangée et gonfle. Bon avec les pains chauds et les muffins.

FROMAGE AUX FRUITS

Écraser un petit fromage à la crème en paquet avec un fruit comme les pêches, les framboises, l'ananas ou les fraises.

GLAÇAGE CLAIR

Sirop de maïs	1/2 tasse	125 mL
Eau	1/4 tasse	50 mL

Amener le sirop et l'eau à ébullition dans une casserole. Mettre à la cuillère sur un pain. Le glaçage devient clair et brillant. Habille n'importe quel pain.

MÉLANGE AU FROMAGE À LA CRÈME

Fromage à la crème	4 onces	125 g
Beurre ou margarine ramolli(e)	2 c. à soupe	30 mL
Vanille	3/4 c. à thé	4 mL
Sucre à glacer	3/4 tasse	175 mL
Pacanes finement hachées	1/4 tasse	50 mL

Bien battre le fromage, le beurre, la vanille et le sucre à glacer. Incorporer les noix.

CRÈME CITRON ET FROMAGE

Fromage à la crème	4 onces	125 g
Jus de citron	1 c. à soupe	15 mL
Écorce de citron râpée	1 c. à thé	5 mL

Bien battre tous les ingrédients. Utiliser pour tartiner.

GLAÇAGE AU CITRON

Jus de citron	3 c. à soupe	50 mL
Sucre granulé	1/4 tasse	60 mL

Mettre les ingrédients dans une casserole et amener à ébullition. Tourner pour dissoudre. Mettre à la cuillère sur un pain ou des muffins. Bon sur le Pain aux Courgettes.

CRÈME ORANGE ET FROMAGE

Fromage à la crème ramolli	4 onces	125 g
Jus d'orange concentré gelé	3 c. à soupe	50 mL
Sucre granulé	1 c. à soupe	15 mL

Mélanger tous les ingrédients jusqu'à ce que la préparation devienne lisse. Utiliser pour tartiner les pains aux dattes, à la citrouille, aux raisins secs, aux pommes, au gingembre, à l'orange et au beurre d'arachides.

GLAÇAGE À L'ORANGE

Jus d'orange	1	1
Sucre granulé	1/4 tasse	50 mL

Chauffer et tourner dans une petite casserole pour dissoudre le sucre. Mettre à la cuillère sur les pains ou les muffins.

CRÈME AU FROMAGE FONDU

Prendre directement de la bouteille pour tartiner les tranches des pains tels que ceux aux dattes, aux raisins secs, aux pommes ou ceux qu'il vous plairait d'essayer.

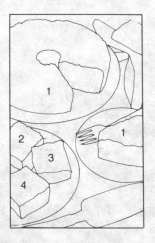

GLAÇAGE À LA CITROUILLE

Sucre à glacer	1/2 tasse	125 mL
Cannelle	1/8 c. à thé	0,5 mL
Noix muscade	1/8 c. à thé	0,5 mL
Crème ou lait	1-2 c. à soupe	15-30 mL

Battre ensemble tous les ingrédients. Étaler sur un pain. Convient très bien aux pains à la citrouille.

CRÈME AUX FRAISES

Fromage à la crème ramolli	4 onces	125 g
Confiture de fraises	1/4 - 1/2 tasse	50-125 mL

Bien battre ensemble. Utiliser pour tartiner.

BEURRE AUX FRAISES

Beurre ou margarine ramolli(e)	1/2 tasse	125 mL
Confiture de fraises	1/2 tasse	125 mL
Fraises fraîches écrasées	1/2 tasse	125 mL

Battre le beurre jusqu'à ce qu'il soit ramolli et gonfle. Ajouter la confiture et bien battre. Incorporer des fraises écrasées. Servir avec des muffins au naturel. Essayer aussi avec plusieurs autres muffins, avec les petits pains et les pains. Délicieux.

GLAÇAGE À LA VANILLE

Sucre à glacer	1 tasse	250 mL
Eau	3-4 c. à thé	15-20 mL
Vanille	1/2 c. à thé	2 mL
Noix moulues	1/2 tasse	125 mL

Bien battre ensemble. Étaler sur le pain de votre choix.

GÂTEAU AUX POMMES

Avec quel arôme vous réussirez à accueillir la compagnie invitée pour le café!

Farine tout usage	1¹/₃ tasse	300 mL
Sucre granulé	³/₄ tasse	175 mL
Poudre à pâte	3 c. à thé	15 mL
Sel	¹/₄ c. à thé	2 mL
Beurre ou margarine	¹/₄ tasse	50 mL
Oeuf battu	1	1
Lait	³/₄ tasse	175 mL
Vanille	1 c. à thé	5 mL
Pommes à cuire pelées et tranchées	2	2
GARNITURE		
Cassonade tassée	¹/₃ tasse	75 mL
Cannelle	¹/₂ c. à thé	3 mL

Mettre la farine, le sucre, la poudre à pâte et le sel dans un grand bol. Incorporer le beurre pour obtenir une pâte qui s'émiette. Faire un puits au centre.

Dans un autre bol, battre l'oeuf pour le faire mousser. Incorporer le lait et la vanille. Verser dans le puits. Tourner juste assez pour humecter. Verser dans un moule à gâteau graissé de 8×8 pouces (20×20 cm). Bien pousser les pommes dans la pâte l'une près de l'autre.

Garniture: Mélanger la cassonade et la cannelle. Saupoudrer sur le sommet. Cuire au four à 350°F (180°C) de 50 à 60 minutes jusqu'à ce que la pâte commence à se décoller des bords du moule. Pour 9 personnes.

Photo page 143.

GÂTEAU AUX CANNEBERGES

Vous obtiendrez un régal très coloré soit que vous essayiez des canneberges ou des framboises ou des bleuets.

Farine tout usage	2 tasses	450 mL
Sucre granulé	1/2 tasse	125 mL
Poudre à pâte	3 c. à thé	15 mL
Sel	1/2 c. à thé	2 mL
Oeufs	2	2
Huile	1/4 tasse	50 mL
Lait	3/4 tasse	175 mL
Canneberges fraîches ou gelées	1 tasse	250 mL
GARNITURE		
Farine tout usage	1/3 tasse	75 mL
Cassonade tassée	1/3 tasse	75 mL
Beurre ou margarine	1/4 tasse	50 mL
Cannelle	1 c. à thé	5 mL

Mélanger la farine, le sucre, la poudre à pâte et le sel dans un grand bol.

Dans un autre bol, battre les oeufs pour les faire mousser. Incorporer l'huile et le lait. Verser dans les ingrédients secs. Mélanger.

Incorporer soigneusement les canneberges. Mettre la préparation dans un moule à tube graissé de 9 pouces (23 cm).

Garniture: Mélanger la farine, la cassonade, le beurre et la cannelle. Saupoudrer sur la pâte. Cuire au four à 350°F (180°C) de 50 à 60 minutes ou jusqu'à ce que la préparation commence à se décoller des bords du moule. Refroidir pendant environ 30 minutes avant de retirer du moule. Mettre en l'air le bon côté.

GÂTEAU AUX BLEUETS: Omettre les canneberges. Ajouter 1 tasse (250 mL) de bleuets frais ou gelés.

GÂTEAU AUX FRAMBOISES: Omettre les canneberges. Ajouter 1 tasse (250 mL) de framboises.

Photo page 143.

GÂTEAU À LA CRÈME SURE

Un gâteau favori parfumé à la cannelle.

Beurre ou margarine ramolli(e)	$1/2$ tasse	125 mL
Sucre granulé	1 tasse	250 mL
Oeufs	2	2
Bicarbonate de soude	1 c. à thé	5 mL
Crème sure	1 tasse	250 mL
Farine tout usage	$1^1/_2$ tasse	375 mL
Poudre à pâte	$1^1/_2$ c. à thé	7 mL
Sel	$1/4$ c. à thé	1 mL
Cassonade tassée	$1/2$ tasse	125 mL
Cannelle	1 c. à thé	5 mL
Noix finement hachées	$1/2$ tasse	125 mL

Bien battre en crème le beurre, le sucre et un oeuf dans un bol. In-corporer en battant le second oeuf. Ajouter le bicarbonate de soude et la crème sure. Mélanger.

Dans un autre bol, mélanger la farine, la poudre à pâte et le sel. Ajouter à la pâte. Tourner pour mélanger. Mettre $1/2$ de la pâte dans un moule graissé de 9×9 pouces (22×22 cm).

Mélanger la cassonade, la cannelle et les noix. Saupoudrer $1/2$ de ce mélange sur la pâte. Mettre à la cuillère la seconde moitié de la pâte ici et là sur le dessus. Saupoudrer le tout avec la seconde moitié du mélange à la cannelle. Cuire au four à 350°F (180°C) pendant 45 minutes ou jusqu'à ce qu'un cure-dent inséré en ressorte propre. Ser-vir tiède.

Pas de cannelle dans celui-ci. À la place, on y trouve de délicieuses brisures de chocolat.

Beurre ou margarine ramolli(e)	**¹/₂ tasse**	**125 mL**
Sucre granulé	**1 tasse**	**250 mL**
Oeufs	**2**	**2**
Vanille	**1 c. à thé**	**5 mL**
Farine tout usage	**2 tasses**	**500 mL**
Poudre à pâte	**1 c. à thé**	**5 mL**
Bicarbonate de soude	**1 c. à thé**	**5 mL**
Crème sure	**1 tasse**	**250 mL**
Brisures de chocolat mi-sucré	**¹/₂ tasse**	**125 mL**

GARNITURE

Cassonade tassée	**¹/₂ tasse**	**125 mL**
Farine tout usage	**¹/₂ tasse**	**125 mL**
Cacao	**2 c. à thé**	**10 mL**
Beurre ou margarine ramolli(e)	**¹/₄ tasse**	**50 mL**
Brisures de chocolat mi-sucré	**¹/₂ tasse**	**125 mL**
Noix finement hachées	**¹/₂ tasse**	**125 mL**

Bien battre en crème dans un bol le beurre, le sucre et un oeuf. Incorporer en battant le second oeuf et la vanille. Ajouter la farine, la poudre à pâte, le bicarbonate de soude et la crème sure. Battre pour mélanger. Incorporer les brisures. Mettre dans un moule graissé de 9×13 pouces (22×33 cm). Lisser le sommet.

Garniture: Mélanger la cassonade, la farine, le cacao et le beurre pour obtenir une préparation qui s'émiette. Incorporer les brisures et les noix. Saupoudrer sur la pâte. Cuire au four à 350°F (180°C) pendant 45 minutes jusqu'à ce qu'un cure-dent inséré en ressorte propre.

Photo page 143.

GÂTEAU STREUSEL

Quelque chose de bon et de sûr à garder à porter de main. Facile à réaliser pour la compagnie qui "est en chemin".

Beurre ou margarine ramolli(e)	$1/3$ tasse	75 mL
Sucre granulé	$1/2$ tasse	125 mL
Oeuf	1	1
Farine tout usage	$1^1/2$ tasse	350 mL
Poudre à pâte	2 c. à thé	10 mL
Sel	$1/2$ c. à thé	2 mL
Lait	$3/4$ tasse	175 mL
GARNITURE		
Cassonade tassée	$1/2$ tasse	125 mL
Farine tout usage	2 c. à soupe	30 mL
Cannelle	1 c. à thé	5 mL
Beurre ou margarine fondu(e)	3 c. à soupe	50 mL

Bien battre en crème dans un bol le beurre, le sucre et l'oeuf.

Mélanger la farine, la poudre à pâte et le sel.

Mesurer le lait. Ajouter en alternant avec le mélange à la farine. Mettre dans un moule graissé de 9×9 pouces (22×22 cm). Lisser le sommet.

Garniture: Mélanger la cassonade, la farine, la cannelle et le beurre fondu. En se servant des doigts pour distribuer facilement, saupoudrer sur la pâte. Cuire au four à 375°F (190°C) pendant environ 35 minutes jusqu'à ce qu'un cure-dent inséré en ressorte propre. Servir tiède.

Photo page 143.

GÂTEAU STREUSEL À L'ORANGE: Omettre la cannelle dans la garniture et ajouter 1 c. à soupe (15 mL) d'écorce d'orange râpée.

GÂTEAU AUX FRUITS: Ajouter $1/4$ tasse (50 mL) d'assortiment de fruits confits, $1/4$ tasse (50 mL) de raisins de Corinthe et $1/4$ tasse (50 mL) de raisins secs. Pour la garniture, utiliser seulement la cassonade et la cannelle.

Dans ce livre les mesures sont données dans les systèmes impérial et métrique. Pour compenser les différences entre les deux systèmes créées lorsqu'on arrondit, une pleine mesure métrique n'est pas toujours utilisée.
La tasse utilisée correspond aux 8 onces liquides courantes.
La température est donnée en degrés Fahrenheit et Celsius.
Les dimensions des moules à cuisson sont en pouces et en centimètres ainsi qu'en quarts et litres.
Une table de conversion exacte est donnée ci-dessous ainsi que l'équivalence pratique (mesure courante).

IMPÉRIAL	MÉTRIQUE	
	Conversion Exacte millilitre (mL)	Mesure Courante millilitre (mL)
Cuillères		
¼ cuillère à thé (c. à thé)	1,2 mL	1 mL
½ cuillère à thé (c. à thé)	2,4 mL	2 mL
1 cuillère à thé (c. à thé)	4,7 mL	5 mL
2 cuillères à thé (c. à thé)	9,4 mL	10 mL
1 cuillère à soupe (c. à soupe)	14,2 mL	15 mL
Tasses		
¼ tasse (4 c. à soupe)	56,8 mL	50 mL
⅓ tasse (5⅓ c. à soupe)	75,6 mL	75 mL
½ tasse (8 c. à soupe)	113,7 mL	125 mL
⅔ tasse (10⅔ c. à soupe)	151,2 mL	150 mL
¾ tasse (12 c. à soupe)	170,5 mL	175 mL
1 tasse (16 c. à soupe)	227,3 mL	250 mL
4½ tasses	984,8 mL	1000 mL, 1 litre (1 L)
Onces Poids (oz.)	**Grammes (g)**	**Grammes (g)**
1 oz.	28,3 g	30 g
2 oz.	56,7 g	55 g
3 oz.	85,0 g	85 g
4 oz.	113,4 g	125 g
5 oz.	141,7 g	140 g
6 oz.	170,1 g	170 g
7 oz.	198,4 g	200 g
8 oz.	226,8 g	250 g
16 oz.	453,6 g	500 g
32 oz.	917,2 g	1000 g, 1 kilogramme (1 kg)

MOULES, RÉCIPIENTS

Impérial	Métrique	Impérial	Métrique
8 × 8 pouces	20 × 20 cm	1⅔ qt.	2 L
9 × 9 pouces	22 × 22 cm	2 qt.	2,5 L
9 × 13 pouces	22 × 33 cm	3⅓ qt.	4 L
10 × 15 pouces	25 × 38 cm	1 qt.	1,2 L
11 × 17 pouces	28 × 43 cm	1¼ qt.	1,5 L
8 × 2 pouces (cercle)	20 × 5 cm	1⅔ qt.	2 L
9 × 2 pouces (cercle)	22 × 5 cm	2 qt.	2,5 L
10 × 4½ pouces (tube)	25 × 11 cm	4¼ qt.	5 L
8 × 4 × 3 pouces (pain)	20 × 10 × 7 cm	1¼ qt.	1,5 L
9 × 5 × 3 pouces (pain)	23 × 12 × 7 cm	1⅔ qt.	2 L

TEMPÉRATURES DU FOUR

Fahrenheit (°F)	Celsius (°C)
175°	80°
200°	100°
225°	110°
250°	120°
275°	140°
300°	150°
325°	160°
350°	180°
375°	190°
400°	200°
425°	220°
450°	230°
475°	240°
500°	260°

INDEX

**COMPANY'S COMING
PUBLISHING LIMITED
CASE POSTALE 8037, STATION "F"
EDMONTON, ALBERTA,
CANADA T6H 4N9**

ÉCONOMISEZ
5.00 $

LIVRES DE CUISINE

Veuillez envoyer les livres de cuisine suivants à l'adresse au verso de ce bon de commande.

ANGLAIS

TITRE (couverture dure, 17,95 $ chacun)	QUANTITÉ	MONTANT
JEAN PARÉ'S FAVORITES		
VOLUME ONE - 232 pages		

TITRE (couverture souple, 10,95 $ chacun)		
150 DELICIOUS SQUARES		
CASSEROLES		
MUFFINS & MORE		
SALADS		
APPETIZERS		
DESSERTS		
SOUPS & SANDWICHES		
HOLIDAY ENTERTAINING		
COOKIES		
VEGETABLES		
MAIN COURSES		
PASTA		
CAKES		
BARBECUES		
DINNERS OF THE WORLD		
LUNCHES (avril 1992)		

FRANÇAIS

TITRE (couverture souple, 10,95 $ chacun)		
150 DÉLICIEUX CARRÉS		
LES CASSEROLES		
MUFFINS ET PLUS		
LES DINERS (avril 1992)		
LES BARBECUE (mai 1992)		
TOTAL, TOUS LES LIVRES		$

- **ÉCONOMISEZ 5,00 $**
  Commandez 2 livres de cuisine de votre choix par la poste aux prix réguliers et ÉCONOMISEZ 5,00 $ sur chaque troisième livre de cuisine par commande.

- *Prix sujets à changement sans préavis.*

- *Nos regrets: Pas de paiement sur livraison.*

- **COMMANDES HORS CANADA**
  Doivent être payées en fonds américains par chèque ou mandat émis dans une banque canadienne ou américaine.

- **FAIRE CHÈQUES OU MANDATS PAYABLES À L'ORDRE DE:**
  COMPANY'S COMING PUBLISHING LIMITED

COÛT TOTAL DES LIVRES	$
Moins 5,00 $ pour chaque troisième livre par commande	–
PLUS 1,50 $ pour frais postaux et manutention par livre	+
SOUS-TOTAL	$
PLUS TPS pour les résidents au Canada	+
MONTANT TOTAL INCLUS	$

↓ CARTE DE CADEAU ↓

Jean Paré
LIVRES DE CUISINE

UN CADEAU POUR VOUS

LIVRES DE CUISINE

J'aimerais commander les Livres de Cuisine de Jean Paré énumérés au verso de ce bon de commande.

NOM _____

RUE _____

VILLE _____

PROVINCE/ÉTAT _____ CODE POSTAL _____

OFFRIR UN CADEAU – NOUS LE RENDONS FACILE...
...VOUS LE RENDEZ DÉLICIEUX!

Laissez-nous vous aider à offrir un cadeau! Nous enverrons des livres de cuisine directement aux destinataires de votre choix si vous nous donnez leurs noms et adresses. N'oubliez pas de préciser les titres des livres de cuisine que vous désirez envoyer à chaque personne.

Insérez une note ou une carte personnelle pour chaque cadeau ou utilisez notre pratique carte cadeau ci-dessous.

Les livres de cuisine Jean Paré sont de parfaits cadeaux pour les anniversaires, les célébrations, la Fête des Mères, la Fête des Pères, une remise de diplôme ou n'importe quelle autre occasion... Collectionnez-les tous!

N'oubliez pas de profiter de l'économie de 5,00 $ ... Achetez deux livres de cuisine par la poste et économisez 5,00 $ sur chaque troisième copie par commande.

↓ CARTE DE CADEAU ↓

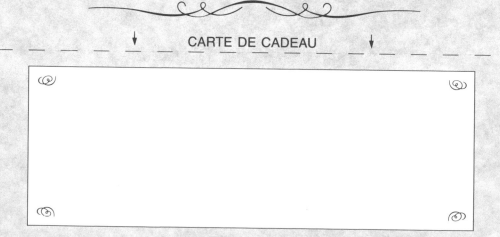

LIVRES DE CUISINE

COMPANY'S COMING
PUBLISHING LIMITED
CASE POSTALE 8037, STATION "F"
EDMONTON, ALBERTA,
CANADA T6H 4N9

ÉCONOMISEZ
5.⁰⁰ $

Veuillez envoyer les livres de cuisine suivants à l'adresse au verso de ce bon de commande.

ANGLAIS		
TITRE (couverture dure, 17,95 $ chacun)	QUANTITÉ	MONTANT
JEAN PARÉ'S FAVORITES		
VOLUME ONE - 232 pages		
TITRE (couverture souple, 10,95 $ chacun)		
150 DELICIOUS SQUARES		
CASSEROLES		
MUFFINS & MORE		
SALADS		
APPETIZERS		
DESSERTS		
SOUPS & SANDWICHES		
HOLIDAY ENTERTAINING		
COOKIES		
VEGETABLES		
MAIN COURSES		
PASTA		
CAKES		
BARBECUES		
DINNERS OF THE WORLD		
LUNCHES (avril 1992)		
FRANÇAIS		
TITRE (couverture souple, 10,95 $ chacun)		
150 DÉLICIEUX CARRÉS		
LES CASSEROLES		
MUFFINS ET PLUS		
LES DINERS (avril 1992)		
LES BARBECUE (mai 1992)		
TOTAL, TOUS LES LIVRES		$

■ **ÉCONOMISEZ 5,00 $**
Commandez 2 livres de cuisine de votre choix par la poste aux prix réguliers et ÉCONOMISEZ 5,00 $ sur chaque troisième livre de cuisine par commande.

■ *Prix sujets à changement sans préavis.*

■ *Nos regrets: Pas de paiement sur livraison.*

■ **COMMANDES HORS CANADA**
Doivent être payées en fonds américains par chèque ou mandat émis dans une banque canadienne ou américaine.

■ **FAIRE CHÈQUES OU MANDATS PAYABLES À L'ORDRE DE:**
COMPANY'S COMING PUBLISHING LIMITED

COÛT TOTAL DES LIVRES	$
Moins 5,00 $ pour chaque troisième livre par commande	–
PLUS 1,50 $ pour frais postaux et manutention par livre	+
SOUS-TOTAL	$
PLUS TPS pour les résidents au Canada	+
MONTANT TOTAL INCLUS	$

↓ CARTE DE CADEAU ↓

LIVRES DE CUISINE

UN CADEAU POUR VOUS

LIVRES DE CUISINE

BEST SELLER NATIONAL

J'aimerais commander les Livres de Cuisine de Jean Paré énumérés au verso de ce bon de commande.

NOM _____

RUE _____

VILLE _____

PROVINCE/ÉTAT _____ CODE POSTAL _____

OFFRIR UN CADEAU – NOUS LE RENDONS FACILE...
...VOUS LE RENDEZ DÉLICIEUX!

Laissez-nous vous aider à offrir un cadeau! Nous enverrons des livres de cuisine directement aux destinataires de votre choix si vous nous donnez leurs noms et adresses. N'oubliez pas de préciser les titres des livres de cuisine que vous désirez envoyer à chaque personne.

Insérez une note ou une carte personnelle pour chaque cadeau ou utilisez notre pratique carte cadeau ci-dessous.

Les livres de cuisine Jean Paré sont de parfaits cadeaux pour les anniversaires, les célébrations, la Fête des Mères, la Fête des Pères, une remise de diplôme ou n'importe quelle autre occasion... Collectionnez-les tous!

N'oubliez pas de profiter de l'économie de 5,00 $ ... Achetez deux livres de cuisine par la poste et économisez 5,00 $ sur chaque troisième copie par commande.

↓ CARTE DE CADEAU ↓